KB056007

알면 알수록 재미있고 신기한

우리말 교실

알면 알수록 재미있고 신기한

우리말
교실

조현용 지음

마리북스

우리가 사는 세상이 모두 교실임을 보여주는
즐거운 우리말 공부

우리말은 우리의 모습을 담고 있습니다. 언어는 인간의 사고와 문화를 담는 그릇입니다. 그래서 학자들은 하나의 언어가 하나의 세계를 의미한다고 합니다. 최근 우리말에 대한 관심이 높습니다. 특히 서로에게 힘이 되는 말이나 위로가 되는 말, 긍정적인 표현을 담은 우리말에 대한 관심이 높습니다. 우리말이 담고 있는 세계입니다.

우리말은 우리에게 말로 다가오거나 글로 다가옵니다. 사람과 사람을 이어주는 소통의 도구가 되기도 하고, 우리의 생각을 전달해주기도 합니다. 그런데 오늘 하루, 우리는 얼마나 우리말을 올바르게 사용했을까요? 말은 자칫하면 상처가 될 수 있습니다.

무기나 흉기가 되는 것이지요. 따라서 우리말을 올바르게 쓰려는 노력은 참으로 귀합니다.

올바른 우리말을 알아야 우리말을 올바르게 사용할 수 있습니다. 우리말을 올바르게 사용할 수 있어야 즐거운 생각으로 가득하고 대화가 즐겁습니다. 즐거운 생각, 즐거운 대화로 가득하다면 그게 바로 '즐거운 우리말 세상'입니다. 우리말을 정확히 알아야 하는 이유, 우리말 공부를 해야 하는 이유입니다.

그런데 우리말 공부가 어렵다고 말하는 사람이 많습니다. 왜일까요? 우리말 공부의 기본인 문법이나 맞춤법, 띄어쓰기 등이 어렵게 설명되어 있기 때문입니다. 이에 저는 쉽고 재미있는 우리말에 대한 책을 쓰고 싶었습니다. 그러면서도 생각할 거리가 많았으면 좋겠다고 생각했습니다. 《우리말 교실》에는 저의 이런 바람을 담았습니다.

우리가 맞춤법을 어려워하고 헷갈려하는 가장 큰 이유는 발음과 표기가 다르기 때문입니다. 그래서 자주 혼동하는 맞춤법은 제 나름으로 쉽게 기억하는 방법을 소개했습니다. 또 문법이나 비유법이 보여주는 세상을 이야기하듯이 풀어보려고 했습니다. 우리가 왜 비유를 하게 되었는지, 과장법으로 표현할 수 없는 한계는 무엇인지, 무생물을 생물로 표현하는 이유는 무엇인지 등을 생각해보는 시간이 되었으면 좋겠습니다.

교실敎室이라는 말은 가르치는 곳이라는 뜻입니다. 배우는 곳이라면 학실學室이라고 해야겠지요. 《우리말 교실》은 우리가 사는 세상이 모두 교실임을 보여주는 즐거운 우리말 공부에 대한 책입니다. 책의 전체적인 틀을 위해서 몇 개의 글은 기존에 제가 쓴 글을 가져오거나 수정했습니다. 어떤 글은 학자 간의 견해가 다른 부분도 있을 것입니다. 이 책으로 우리말 공부가 더 즐겁고 재미있어지기를 바랍니다.

2018년 10월
조현용

차례

머리말 • 5

1장

알면 알수록 재미있는
맞춤법 이야기

2장

알면 알수록 신기한
문법과 비유법 이야기

• 표준어와 사투리 •

알면 알수록 재미있는
맞춤법 이야기

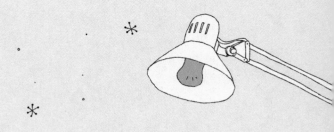

맞춤법은 표준어와는 조금 다릅니다. 표준어가 발음이나 어휘, 문법과 관련이 있다면 맞춤법은 표기와 관련이 있습니다. 우리가 맞춤법을 틀리는 이유는 발음 때문입니다. 엄밀하게 이야기하면 발음과 표기가 달라서 일어나는 일이지요.

따라서 발음이 그렇게 난다고 하더라도 발음대로 표기하면 안 되는 이유를 알아야 합니다. 그래야만 맞춤법을 틀리지 않고 제대로 쓸 수 있습니다. 어떤 맞춤법은 원리를 정확하게 알아야 하고, 어떤 맞춤법은 예외를 기억해야 틀리지 않을 수 있습니다.

하해의
원리

'임금님의 은혜가 하해와 같사옵
니다!'

뜬금없이 웬 '임금님의 은혜'가 나
오는 것일까요? 바로 '하해의 원리' 이야기
를 하려는 것입니다. '하해'라고 하면 보통 '하해와 같은 임금님
의 은혜' '하해와 같은 부모님의 사랑' 같은 말들이 떠오르겠지
만, 지금 하려는 이야기는 이와는 상관이 없습니다. '되'와 '돼'에
관한 것이기 때문입니다. 우리는 '되고'의 '되', '돼요'의 '돼' 맞
춤법을 자주 혼동합니다. 이 두 글자는 왜 혼동이 될까요? '되'와
'돼'는 왜 어려운 맞춤법일까요?

두 단어의 발음이 같기 때문입니다. 사실 이 두 단어를 정확하게 구별하자면 앞의 '되'는 단모음으로, 뒤의 '돼'는 이중모음으로 구별해야 하겠지만, 한국 사람들은 똑같이 '돼'로 발음을 합니다. 발음으로 봐서는 '되고'라고 했을 때 어떻게 써야 하는지 구별할 수가 없습니다. 그렇기 때문에 자주 틀리는 것입니다. '되고, 되면, 되니까, 돼요, 됐어, 됐니' 등도 발음의 구분이 쉽지 않아 혼동이 됩니다.

원래 '되'와 '돼'는 비슷한 발음이 아닙니다. '되'는 단모음이므로 발음할 때 입 모양이 변해서는 안 됩니다. 단모음은 입 모양이 처음부터 끝까지 같은 음입니다. 반면에 '돼'는 입 모양이 변합니다. 보통 '오'의 위치에서 시작해서 '애'의 위치에서 입 모양이 끝납니다. 그래서 이중모음이라고 합니다.

그런데 '외'의 단모음은 매우 발음하기가 어렵습니다. 그래서 우리말에서는 '외'가 이제 거의 단모음으로 발음되지 못합니다. 그 결과 '되'와 '돼'의 발음이 둘 다 [돼]처럼 들리게 된 것입니다. 우리가 '하'와 '해'는 절대로 혼동하지 않지만 '되'와 '돼'를 혼동하게 된 원인입니다. '되'와 '돼'를 발음으로 구별하려고 하면 답을 얻기가 어렵습니다. 그래서 비슷한 예인 '하'와 '해'의 원리를 이용하라고 이야기하는 것입니다.

'되'와 '돼'의 구별과 '하해'는 무슨 관계가 있을까요? '되'는 '되다'의 앞부분이고, '돼'는 '되어'가 줄어든 말입니다. '하'는 '하다'의 '하', '해'는 '해요'의 '해'이기 때문에 구별이 같습니다. 따라서 하가 나오는 자리면 '되'를 쓰고, 해가 나오는 자리면 '돼'를 쓰면 됩니다. 예를 들어 '하고'니까 '되고'라고 쓰면 되는 것입니다. '해서'니까 '돼서'라고 쓰면 되는 것이지요. '하'와 '해'를 기억하면 '되'와 '돼'는 무척이나 간단하게 해결됩니다.

다른 어휘들도 해볼까요. '되면(하면), 되니까(하니까), 되자(하자), 됐다(했다), 돼라(해라), 안 돼(안 해)' 등과 같이 살펴볼 수 있습니다. 헷갈리면 하와 해로 바꿔보면 이렇게 고민 없이 해결할 수 있습니다.

하해의 원리는 사실 어려운 원리가 아닙니다. 비슷하게 얼마든지 변형할 수 있습니다. '오다'의 '오'와 '와서'의 '와'도 가능합니다. '오와의 원리'라고 이름을 붙여도 좋습니다. '오고(되고), 오면(되면), 오니까(되니까), 오는(되는), 오자(되자)' 등과 같이 응용할 수 있습니다. '와서(돼서), 왔다(됐다), 안 와(안 돼)' 등으로도 적용이 가능하겠지요. 발음만 다르면 헷갈릴 이유가 없습니다. 단지 '외'와 '왜'의 발음이 비슷해서 혼동할 뿐입니다. 그러니까 '하해의 원리'를 잘 기억하면 절대 헷갈리지 않을 것입니다.

'뵈'와 '봬'도 마찬가지입니다. '뵈'와 '봬'도 똑같이 하해로 바꿔보면 됩니다. '하면'이니까 '뵈면'으로, '해서'니까 '봬서'로 써야 합니다. '뵈면 봴수록'도 '하면 할수록'으로 바꾸어서 생각해 보면 쉽습니다. '했습니다, 했어요'니까 '뵀습니다, 뵀어요'라고 해야 합니다.

이것을 왜 틀릴까요? 앞에서 말씀드린 것처럼 '뵈'와 '봬'의 발음이 같게 들리기 때문입니다. '되' '돼'의 원리와 '뵈' '봬'의 원리는 하해의 원리를 따르고 있습니다. '어'가 들어가서 달라진 것인데, 발음이 비슷하게 나서 혼동하는 것입니다. 앞으로는 우리말 맞춤법에서 '되'와 '돼'를 혼동하지 않게 되기를 바랍니다. 맞춤법은 원리를 알면 쉽습니다.

되/돼의 구분

되 → 하(뵈 → 하)

되면 → 하면(뵈면)

되니까 → 하니까(뵈니까)

돼 → 해(봬 → 해)

돼서 → 해서(봬서)

안 돼 → 안 해

고세회수

우리는 무엇을 주었다가 금방 빼앗는 것을 농담으로 '고새 회수'라고 합니다. 갑자기 웬 엉뚱한 소리인가 싶을 것입니다. 사실 저 역시 조금은 억지스러운 시작이라는 생각이 듭니다.

맞춤법 강의를 하다보면 도저히 설명이 안 되는 예들이 있습니다. 그중 대표적인 것이 바로 한자 사이에 사이시옷을 쓰는 예들입니다. 원래 사이시옷은 합성어의 한쪽이라도 순우리말인 경우에만 쓸 수 있습니다. 따라서 원칙적으로 한자어에는 사이시옷을 쓰지 않습니다.

그래서 수많은 한자어에서 뒤의 발음이 된소리로 나거나 니은음이 덧나도 사이시옷을 쓰지 않는 것입니다. '표기법表記法'의 표기를 생각해보면 금방 이해가 될 것입니다. 표깃법이라고 하면 이상하지 않은가요?

그런데 여기에도 예외가 있습니다. 보통 맞춤법에서 예외를 만들 때는 몇 가지 이유가 있는데 그중에서 가장 많이 설명하는 것은 관례입니다. 오랫동안 그렇게 사용해왔기 때문에 바꾸지 않고 그렇게 쓴다는 뜻입니다. 하지만 관례 때문에 맞춤법이 어려워지고 복잡해졌음은 인정할 수밖에 없습니다. 저는 예외를 줄이는 것이 맞춤법을 편하게 만드는 방법이라고 생각합니다.

한자어 사이의 사이시옷 표기도 관례라는 설명 때문에 예외가 발생했습니다. 그런데 그 어휘 중에 '찻간車間'과 '툇간退間'은 사용은커녕 뜻조차 잘 모르는 경우도 많습니다. 찻간은 '기차나 버스 따위에서 사람이 타는 칸'이라는 뜻입니다. 알고 있었나요? 툇간은 더 어렵습니다. 툇간은 표준국어대사전에 따르면 '안둘렛간 밖에다 딴 기둥을 세워 만든 칸살'이라고 설명되어 있습니다. 한옥에 대한 전문 지식이 없는 사람이라면 설명을 봐도 무슨 말인지 알기 어려울 것입니다.

찻간이나 툇간 같은 어휘는 예외로도 설명하지 않는 게 좋을 것 같습니다. 최소한 관례라고 이야기하려면 자주 사용하는 어휘 중에서 선정을 해야 하지 않을까요? 자주 사용하지 않는 어휘는 그야말로 시험 출제용이 아닐까 하는 생각이 들 정도입니다. 어려운 국어 시험이나 국어 실력 평가 문제에 보면 이런 어휘들이 출제됩니다. 이 글을 보는 선생님들은 찻간, 툇간 같은 문제는 출제도 하지 말았으면 합니다. 학생들에게 국어 공부가 재미없게 만드는 지름길입니다.

한자어 사이에 사이시옷이 쓰이는 예는 모두 여섯 개입니다. 정확하게 설명하자면 2음절의 한자어 여섯 개라고 해야 합니다. 앞에 두 개의 어휘를 제시했으니 남은 어휘는 모두 네 개인 셈이네요. 찻간과 툇간은 거의 사용하지 않으니 외울 필요는 없고, 나머지는 비교적 자주 사용하는 편이니 기억할 필요가 있습니다. '곳간庫間, 셋방貰房, 횟수回數, 숫자數字'가 네 개의 예외인데, 예외의 이유는 앞에서 설명한 것처럼 관례입니다. 관례라고 설명하면 사실상 외우라는 이야기가 됩니다. 다른 방법은 없습니다.

이 글의 맨 앞에 엉뚱하게 '고새 회수'라는 농담을 써놓은 것은 다른 방법이 없다는 절박함(?) 때문입니다. 이렇게라도 외워두지 않으면 늘 기억이 가물가물합니다. 돌아서면 잊어버리기도 합니다. 아마 이 네 단어를 외워본 경험이 있으면 제 이야기에 쉽게 동의할 것입니다. 어쨌든 '주었다가 금방 빼앗다'라는 '고 새 회수' 농담을 기억하고 새를 '세'로 바꾸면 한동안은 잊어버리지 않을 것입니다. '곳간, 셋방, 횟수, 숫자, 찻간, 뒷간'은 우리를 괴롭히는 예외들입니다. 고세회수!

사이시옷이 쓰이는 여섯 개의 예외

곳간

셋방   찻간

횟수   뒷간

숫자

척과 체

우리말에서 의존명사는 주로 띄어쓰기에 어려움을 겪습니다. 것, 바, 수, 지, 채, 체 등이 여기에 속합니다. 의존명사는 반드시 앞의 말과 띄어 써야 합니다. 그런데 이 중에서 '채'와 '체'는 발음이 비슷하여 표기에서도 문제가 됩니다. 자주 혼동하는 맞춤법이 된 것입니다.

발음이 비슷한 예를 볼 때는 다른 어휘와의 관련성을 살펴보는 것이 도움이 됩니다. 예를 들어 유사한 의미를 가진 어휘나 어원적으로 같은 어휘의 형태를 비교해보는 것이 좋습니다. 유사한 형태나 어원에서 비슷한 발음의 어휘를 구별할 실마리를 찾을 수도 있습니다. 특히 '채'와 '체'는 차이점이 'ㅐ'와 'ㅔ'이기 때문에 여기에 해당하는 실마리를 찾아야 합니다. 'ㅐ'와 'ㅔ'의 수수께끼를 풀어볼까요.

┼┼┼

'채'는 이미 있는 상태 그대로 있다는 뜻입니다 '~한 그대로' 라고 해석하면 됩니다. '옷을 입은 채 수영을 하다'와 같은 표현 이 대표적인 예가 되지요. 반면에 '체'는 '척'이라는 의미를 갖 고 있습니다. '모르는 체하다'가 대표적인 예입니다. 그런데 '체' 는 '척'과 의미가 거의 같다는 점에서 특이한 어휘입니다. '체'를 '척'으로 바꿔보면 유사성을 금방 발견할 수 있습니다.

국어학에서 언제나 바꿔 쓸 수 있는 어휘로 소개하는 게 바로 '체'와 '척'입니다. 그만큼 특수합니다. 우리는 비슷한 말을 유의 어 또는 동의어라고 하는데, 동의어보다 유의어라는 용어를 더 많이 사용하는 것은 두 어휘가 완전히 의미가 같기 어렵기 때문 입니다. 그런데 '척'과 '체'는 언제든지 바꿔 쓸 수 있기 때문에 거의 유일한 동의어의 예로 설명하고 있는 것입니다. 동의어의 가장 좋은 예이지요. 그만큼 '체'와 '척'은 가까운 어휘라고 할 수 있습니다.

'채'와 '체'도 '척'을 활용하면 간단하게 구별할 수 있습니다.

'채'를 써야 할지 '체'를 써야 할지 혼동될 때 '척'으로 바꿔 쓸 수 있으면 '체'로 쓰면 됩니다. '체'와 '척'은 의미상으로 쌍둥이 형제와 같은 사이이기 때문입니다. 그래서인지 모양에도 공통점이 있습니다. 그것은 바로 'ㅓ'입니다. '체'와 '척'은 공통적으로 'ㅓ'가 포함되어 있습니다. '척'과 바꿔 쓸 수 있으면 'ㅓ'를 기억하고 '체'를 쓰면 되는 것입니다.

한편 어원상으로 살펴보면 '체'는 '체體'와 관계가 있을 수 있습니다. 체는 모양, 모습이라는 의미로 사용할 수 있습니다. 의존명사인 '체'도 '~하는 것처럼 모양을 하다'는 의미를 갖고 있습니다. 모양이라는 공통점을 찾을 수 있습니다.

이렇게 우리말 의존명사는 어원으로 보면 한자와 관련이 있는 경우도 다수 나타납니다. '-하는 한' '-할 겸'은 각각 한계의 '한限', 겸하다의 '겸兼'에서 나온 말입니다. 따라서 체가 한자 '체體'와 관련이 있을 가능성은 충분히 있습니다.

좀 어려운 논의를 덧붙이자면 '체'의 의미와 비슷하게 쓸 수 있는 '-처럼'이라는 말도 옛말에서는 '-톄로'였습니다. 여기에서 '톄'는 '체'의 옛말입니다. 즉 아는 체하는 것은, 아는 척하는 것이요, 아는 것처럼 행동하는 것이라고 할 수 있습니다. 모두 의미상으로 연결이 됩니다. 따라서 '체와 척, 처럼'이 모두 비슷한 의미에서 출발한 것으로 볼 수 있겠습니다. '체'와 '채'가 혼동된다면 '척'을 기억하고, '몸 체體'를 떠올리면 틀릴 일이 없을 것입니다.

채/체의 구분

채   ~한 그대로, 옷을 입은 채, 안경을 낀 채

체   ~척이라는 의미, 알은체, 모르는 체

'-로서'와 '-로써'

맞춤법이 혼동되는 이유 중 하나는 발음이 같거나 비슷하다는 데 있습니다. 따라서 엄밀히 말하면 쓰는 사람의 문제라기보다는 맞춤법을 만든 사람의 문제처럼 보이기도 합니다. 굳이 비슷한 발음을 다르게 표기하여 문제를 만들었나 하는 것이지요. 사이시옷 문제 등 예외가 있는 맞춤법의 많은 경우가 이런 문제를 안고 있습니다.

'-로서'와 '-로써'도 표기는 다르지만 사람들은 대부분 같게 발음을 합니다. 둘 다 [로써]라고 발음하는 것이 일반적이지요. 따라서 항상 똑같이 발음을 하는데 표기만 달리 하려니 어려움

이 발생하는 것입니다. 틀리는 사람에게도 변명할 만한 이유가
됩니다.

'-로서'와 '-로써'를 구분할 때 가장 많이 사용하는 설명은
자격과 도구입니다. 전자는 자격을 나타내고 후자는 도구를 나
타낸다고 설명하는 것이지요. 정확한 설명입니다. 이 설명을 잘
기억하고 있다면 틀릴 일이 줄어들 것입니다.

'-로서'는 자격을 나타내기 때문에 주로 앞에 사람이 옵니다.
'학생으로서, 선생님으로서, 의사로서, 장군으로서, 대통령으로
서'와 같이 어떤 직위나 일에 대한 자격을 표시하는 조사라고 할
수 있습니다. 물론 기관에도 사용할 수 있습니다. '좋은 병원으로
서, 아름다운 학교로서, 유명한 방송국으로서'처럼 기관의 자격
을 나타내는 경우에도 사용이 가능합니다.

그런데 자격이 '-로서'였는지 도구가 '-로서'였는지 헷갈릴
때가 있습니다. 분명히 배울 때는 기억을 했는데, 얼마 지나지 않
아서 잊어버린 것이지요. 그런 경우를 대비해서 설명을 좀 더 덧
붙일 필요가 있습니다. '-로써'와 '-로서'를 정확히 구별하는 방
법은 뜻의 차이를 기억하는 것입니다. 두 조사는 발음이 비슷하
기는 하지만 어원상으로 보면 전혀 다른 접근 방법을 보여줍니

다. '-로써'는 원래 '-로'와 '써'가 합쳐진 조사입니다. 여기에서 '써'는 '쓰어'가 줄어든 말로 쓴다는 의미에서 나온 표현입니다. 따라서 원래는 '-로 써'가 자주 쓰다보니 굳어진 표현이라고 할 수 있습니다.

이런 현상을 언어학적으로는 문법화라고 합니다. 원래는 문법 요소가 아니었는데 자주 사용하다보니 문법 요소로 굳어졌다는 의미입니다. 우리말 조사에는 이런 현상이 여러 곳에서 나타납니다. '-부터'도 원래는 '붙어'에서 온 말입니다. 어디에 붙어 있다는 의미가 '부터'의 시작인 것입니다. '-조차'도 '좇아'에서 온 말입니다. 이 말은 따르다는 뜻으로 '무엇도 따라서'라는 의미를 갖고 있습니다.

᯽

우리말 중에는 문법화되는 중인 표현도 있습니다. 가장 대표적인 말이 '보고'입니다. '보고'는 보다라는 말의 활용이니까 당연히 동사입니다. 그런데 마치 조사처럼 쓰이는 경우가 있습니다. '너 보고 예쁘대'와 같이 쓰입니다. 물론 아직 '보고'는 조사는 아닙니다. '너를 보고'처럼 중간에 따른 조사가 들어갈 수 있기 때문에 문법 요소로 변해가는 과정이라고 할 수 있습니다. 문법화도 재미있는 우리말 현상입니다.

'-로써'는 당연히 앞에 도구가 나올 수밖에 없습니다. 무엇으로 쓴다는 의미이기 때문이지요. 연필로써 원고를 쓴다고 할 때 원래의 의미가 '연필로 써'였다고 할 수 있습니다. 사용한다는 의미입니다. 또한 '-로써'는 원료나 재료를 나타낼 때도 쓰이는데 이 경우도 마찬가지로 사용한다는 의미가 담겨 있습니다. '콩으로써 장을 담그다'는 표현을 보면 콩을 사용하여 장을 담근다는 의미임을 알 수 있습니다.

'-로써'의 써가 사용의 의미이기 때문에 '-로써'는 대부분 '-을 가지고'로 바꿔 쓸 수 있음도 기억할 만합니다. '도끼로써 나무를 베다'와 같은 문장은 '도끼를 가지고'로 바꾸어보고 말이 되면 '-로써'라고 쓰는 것입니다.

그럼 혼동을 하게 만드는 같은 어휘가 사용되는 예를 생각해볼까요? 자동차로서 수명을 다했다는 말은 자동차라는 자격을 의미합니다. 반면에 자동차로써 사람을 죽였다는 말은 자동차를 이용했다는 의미가 됩니다. '자동차를 가지고'라고 바꾸어 쓸 수도 있습니다. 이렇게 '써'에 주목해서 생각해보면 구별이 쉽습니다. 써는 쓴다는 의미에서 온 말임을 기억해야 합니다.

그런데 최근에는 이런 혼동 때문인지 '-로써'의 사용이 드물어지고 있습니다. 그냥 '으로/로'를 사용하는 경향이 늘고 있습니다. 이를테면 '영화로, 노래로, 총으로, 칼로'와 같이 '-로'만 사용하는 것입니다. 오히려 '-로써'를 사용하면 어색해지는 경우가 많습니다. 원래 '-로써'는 '-로'를 더 분명하게 표현하기 위해서 사용된 말인데 '-로서'와의 혼동으로 다시 '-로'로 돌아간 것이 아닐까 합니다. 아무튼 '-로써'의 사용이 줄어들고 있지만 만약 쓰게 된다면 '써'를 기억하면 구별이 쉬울 것입니다. 그래도 자신이 없다면 그냥 '-로'만 쓰는 게 낫습니다.

-로서/-로써의 구분

-로서   자격, 주로 사람이 앞에 온다
         학생으로서, 선생님으로서, 의사로서, 부모로서

-로써   도구, ~을 가지고
         연필로써 → 연필을 가지고
         도끼로써 → 도끼를 가지고

제가 앞에서
끌게요

제가 박사 과정 시절, 중학생들에게 시를 가르친 적이 있습니다. 그중에 〈밀고 끌고〉라는 시가 기억에 남습니다. '날랑 앞에서 끌게/엄닐랑 뒤에서 미세요'로 시작하는 이 시는 가족의 정을 담뿍 담고 있습니다. 밀다가 지치시면 손만 얹고 오시라는 부분과 발소리만 내고 오시라는 부분 등에서 어머니를 걱정하는 자식의 마음도 알 수 있습니다.

그런데 학생들은 의외의 부분에서 재미있어도 하고 힘들어하기도 했습니다. 바로 첫 구절 '날랑 앞에서 끌게' 부분입니다. 시를 가르칠 때, 시를 공부할 때 어쩌면 가장 중요한 것은 낭송일 것입니다. 시는 눈으로 읽기도 하지만 소리 내어 읽을 때 그 묘미가 드러나기 때문입니다. 이 시를 감정을 넣어서 읽게 했는데 예상치 못한 부분에서 웃음이 났습니다.

학생들에게 시를 읽게 했을 때 [끝께]라고 하지 않고 문자 그대로 [끝게]라고 읽는 경우가 있었기 때문입니다. 어떤 아이들은 웃느라고 난리가 났고 어떤 아이들은 왜 틀렸는지 몰라 어리둥절했습니다. 어떤 아이들은 책이 잘못되었다고 말하기도 했습니다. 아예 '끝께'라고 써야 한다는 의견이었습니다.

결론적으로 말하면 표기법은 '끝게'가 맞고 발음은 [끝께]가 맞습니다. 우리가 자주 틀리는 어려운 맞춤법에 속합니다. 분명 '할까, 할까요'의 경우에는 된소리 표기가 맞기 때문에 '할게, 끝게'도 된소리로 표기해야 한다고 생각하는 것입니다. 게다가 틀리는 사람이 워낙 많기 때문에 틀려도 별 문제가 되지 않기도 합니다. 우리 눈에 너무나도 익숙한 틀린 표기인 셈입니다. 맞히는 사람이 오히려 적은 게 아닌가 하는 생각이 들 정도입니다.

그럼 왜 끝게, 할까가 맞을까요? 단순하게 설명하면 우리 맞춤법에서는 의문에 해당하는 말만 된소리로 표기하도록 규정되어 있습니다. 따라서 혼동을 줄이려면 물음일 때만 된소리 표기로 쓰면 됩니다. 그래서 '할꼬?'도 된소리로 써야 합니다. 당연히 '합니까?'도 된소리로 써야 합니다. 이렇게 외워두면 의문을 된소리로 쓰는 것은 틀리지 않을 것입니다. 따라서 의문이 아니면 된소리로 쓰지 않는다고 기억해두는 편이 좋습니다. '이따 전화할게요'를 '이따 전화할께요'라고 쓰는 경우가 많으니 특별히 조심해야 합니다. '할게요'가 맞습니다.

***

저는 이 시를 읽을 때마다 열이면 열 [끌게]라고 읽던 학생들의 모습과 함께 애잔한 장면도 하나 떠오릅니다. 손수레에 짐을 잔뜩 싣고 가는 모자母子의 모습입니다. 예전에는 리어카라고 하는 손수레를 끌고 언덕길을 오르는 장면을 쉽게 볼 수 있었습니다. 더운 여름날이면 땀을 뻘뻘 흘리면서 오르고, 눈 내린 겨울날이면 조심조심 올랐습니다. 종종 얼음이나 눈 위에서 미끄러져 사고가 나기도 했습니다. 손수레는 지게보다는 편리했지만 여전히 위험한 이동 수단이었던 셈입니다. 연탄도 배추도 무거운 이삿짐도 손수레에 실려갔습니다.

이 시 '밀다가 지치시면 손만 없고 오시라'는 내용과 '발소리만 내고 오시라'는 내용에서는 서로 함께해서 힘이 난다는 훈훈

한 가족의 모습이 떠올라 흐뭇합니다. 어머니가 밀어주셔서 힘이 나는 게 아니라 어머니와 함께해서 힘이 나는 것이지요. 가족은 함께하는 것만으로도 충분히 힘이 나는 존재입니다.

지금 내 상황이 좋지 않으니 잘 되고 나면 부모님을 자주 찾아봬야지 생각하고 있나요? 좋은 일도 힘든 일도 함께해서 더욱 기쁘고 힘을 덜 수 있는 게 가족입니다. 그래서 좋은 일이 있을 때도 힘든 일이 있을 때도 가장 먼저 떠오르는 건 가족, 어머니의 얼굴이 아닐까요?

오늘도 우리는 '나'라는 손수레를 끌고 세상을 순례하고 있습니다. 그런 내 뒤에서 손만 얹고 오는 어머니, 발소리만 내고 오는 어머니를 떠올려보세요. 세상 어떤 힘든 일도 거뜬히 넘을 것 같은 든든함을 느낄 것입니다.

할게/할까의 구분

의문에 해당하는 말만 된소리로 표기

제가 앞에서 끌게요.   내가 할까?   어이할꼬?

이따가 전화할게.   어떻게 합니까?

몇 월
며칠이에요?

오늘이 몇 월 며칠이에요? 이런 질
문을 받으면 고개가 갸웃거려집니다.
왜 몇 월은 몇과 월을 띄어 쓰는데, 며칠
은 붙여서 쓸까 하는 의문이 생기는 것입니다. 여기에서 맞춤법
은 며칠이 맞을까요, 아니면 몇 일이 맞을까요? 아무리 논리적으
로 해석을 해보려 해도 몇 일이 맞는 것 같다는 생각을 지울 수
가 없습니다. 며칠이 맞습니다. 왜일까요?

여기에 대해 일부 학자들은 발음으로 설명을 합니다. 즉 몇 월
은 [며뒬]이라고 소리가 나기 때문에 형태를 밝혀서 띄어 쓰고,
며칠은 [며칠]이라고 소리가 나기 때문에 붙여 쓴다는 것입니다.

그리고 그것은 '옷 안'을 원래 형태대로 띄어 쓰는 것과 같은 이유라는 설명도 덧붙입니다. 이 정도면 설명은 완벽하게 끝난 것처럼 보입니다. 대부분은 더 이상 질문을 하지 않습니다.

하지만 여전히 궁금증이 남습니다. 왜 몇 월은 중간에 잠깐의 쉼을 두어서 [며뒬]이라고 발음을 하는데 며칠은 그렇지 않느냐는 의문입니다. 대부분은 두 단어 사이에는 옷 안[오단]과 같이 잠깐의 쉼이 있습니다. 그래야 받침의 소리가 바뀝니다. 만약 쉼이 없다면 [오산]처럼 소리가 나게 됩니다. 따라서 며칠을 [며칠]이라고 발음한다는 것은 매우 드문 현상이라고 할 수 있습니다.

아주 특이한 이런 현상은 '맛있다' '멋있다'와 같은 예에만 나타납니다. [마시따] [머시따]와 같이 소리 나는 것입니다. '맛없다[마덥따]' '멋없다[머덥따]'의 발음과 비교해봐도 얼마나 특이한 현상인지 알 수 있을 것입니다. 물론 '맛있다'와 '멋있다'는 '맛이 있다'와 '멋이 있다'가 줄어든 현상이라는 입장도 있습니다.

그럼 왜 며칠은 몇과 일이 합쳐져서 발음이 나는 것일까요? 여기에서 우리는 중대한 발상의 전환이 필요합니다. 일이 '날 일日'이 아닐 수 있다는 생각입니다. 월은 '달 월月'이 분명한데, 일은 아닐 수 있다니 이해가 안 될 것입니다. 그런데 며칠이 옛말에서는 '며츨'로 나타난다는 점이 의심의 시작입니다. 원래 '츨'인데 '칠'로 바뀐 것이라는 설명이 가능합니다. 즉 일日과는 전혀 상관없는 말이었을 수 있는 것이지요. '일'을 '을'이라고 한 흔적은 발견할 수 없습니다. 한편 '츨'이 '칠'로 바뀌는 것은 자주 있는 음운 현상입니다. 옛날에는 입안의 침도 '츰'이었습니다. 칡도 '츩'이라고 했습니다.

며츨은 '몇을'이나 '몃흘' 등으로 형태를 추론해볼 수 있습니다. 앞의 몇이라는 말은 분명해 보이기 때문입니다. 그럼 뒤의 '을, 흘' 등은 날짜를 나타내는 말과 관련이 있을까요? 있다면 어떤 관련이 있을까요? 그때 떠오르는 단어들이 몇 개 있습니다. 그것은 바로 날짜를 나타내는 순우리말이지요. 순우리말에는 이런 흔적이 남아 있습니다. 바로 이틀(일+흘), 사흘, 나흘, 열흘이 그 예입니다. 분명하게 '흘'이 남아 있습니다. 순우리말에는 날짜를 나타내는 말에 '흘'과 '새' 등이 붙어 있습니다.

따라서 며칠은 며츨이 바뀐 말이고, 며츨은 원래 몃흘에서 온 말이라는 추측이 가능합니다. 그런 이유로 몇 일이라고 쓰지 않고 며칠이라고 쓰는 것입니다. 몇 월과는 구성이 완전히 다른 어휘라고 할 수 있습니다. 하지만 이 논의에 대해서 아직 학자들 간의 명확한 일치가 없습니다. 따라서 한글 맞춤법 제27항 붙임 2에서는 '어원이 분명하지 아니한 것은 원형을 밝히어 적지 아니한다'고 하는데 여기에 해당하는 예로 '며칠'을 들고 있는 것입니다. 현재까지의 정확한 설명은 어원이 불분명하여 며칠이라고 쓴다는 것입니다. 이 말은 며칠이 날 일日과 상관없을 수 있다는 의미라는 점도 기억해야 할 것입니다.

몇 월 며칠

몇 월 며칠이에요?

몃흘(몇을) → 며츨 → 며칠

'흘'은 날짜를 나타내는 순우리말로 이틀, 사흘, 열흘이 그 예

'안' 꾸며주니까
'않'

앞에서 말했듯이 우리가 맞춤법을 자꾸 틀리는 이유는 발음에 있습니다. 우리말의 자음 중에서 발음이 정확히 되지 않는 게 바로 히읗입니다. 따라서 히읗이 받침에 들어가는 어휘는 자꾸 혼동하게 됩니다.

'낳다'는 뒤에 거센소리로 발음 나는 말이 오면 덜 틀리는데 그렇지 않은 경우에는 자꾸 틀립니다. 예를 들어 '낳고'는 잘 안 틀리는데 '낳는'은 혼동이 된다는 말입니다. 또한 '새끼를 낳지만'도 [나치만]으로 발음하지 않고 [나찌만]과 같이 발음해서 혼동이 됩니다. 발음만 정확하게 해도 히읗 받침은 덜 틀릴 수 있습니다.

비슷한 예로 '안'과 '않'을 틀리는 사람들이 많습니다. 의외로 맞춤법을 잘 아는 사람도 이 두 표현 앞에서는 속수무책이 되기도 합니다. 왜 그럴까요? 일단 않과 안은 전혀 다른 말이라는 점을 기억해야 합니다. 발음만 비슷하지 사용에는 차이가 분명합니다. 안은 다른 말을 꾸밀 때만 사용할 수 있습니다. 즉 다른 말을 앞에서 부정할 때만 사용할 수 있습니다. '안 먹고, 안 쓰고, 안 자고, 안 입고'라고 할 때 쓰는 말입니다. 쉽죠? 뒤에 무조건 다른 단어가 와야 합니다. 여기에는 '되다, 하다'도 포함됩니다. 되다와 하다도 안 되고, 안 하는 것이지요. 틀릴 이유가 없는 말입니다.

반면에 '않'은 그 자체가 어간입니다. 어간이라는 말은 뒤에 어미가 온다는 말입니다. 따라서 뒤에 다른 단어가 오면 안 됩니다. 당연히 '-고, -으니, -으면, -을, -다, -는다, -습니다, -으니까, -구나/는구나' 등이 옵니다. 뒤에 꾸며줄 어휘가 오면 안 됩니다. 그런데 사람들은 발음이 비슷하다는 이유로 '않'을 모든 곳에 씁니다. 사실상 '안'과 '않'을 구별 못하는 게 아니라, '않'에 대해서 전혀 모르는 것이라고 할 수 있습니다. '않 돼!'라고 쓰는 예를 보게 되는데, 이것은 '않'을 부정의 대표 선수로 보기 때문에 일어납니다.

또 한 가지 힌트를 주자면 '안'은 뒷말을 꾸미기 때문에 띄어 써야 합니다. 뒷말과 띄어 써야 한다면 무조건 '안'으로 써야 한다는 말입니다. 안 쓰면 안 됩니다.

또 하나 '않'은 처음에 잘 나오지 않습니다. 주로 앞에 '-지'가 와서 '-지 않다'의 모양을 만듭니다. 문법에서는 '안'이 들어가면 짧은 부정, '않'이 들어가면 긴 부정이라고 합니다. 않은 보통 앞에 '-지'가 포함된 어휘가 있기 때문에 길어질 수밖에 없습니다. 안 먹다와 먹지 않다를 비교해보세요. '-지' 때문에 길이가 달라졌습니다.

그런데 우리말에서는 '안'을 안 쓰기도 합니다. 보통 단어가 4글자(음절) 이상이 되면 짧은 부정은 힘듭니다. 그래서 '하다'가 들어가 있으면 중간을 끊어서 넣는 경우가 많습니다. 예를 들어 '안 사랑하다'보다는 '사랑 안 하다'를 선호합니다. 물론 긴 부정인 '사랑하지 않다'라고 써도 됩니다.

'하다'가 들어 있더라도 앞부분이 독립적으로 잘 쓰이지 않으면 긴 부정으로 만드는 게 일반적입니다. 미안하다는 '미안 안

하다'보다는 '미안하지 않다'가 자연스럽습니다. '고즈넉하다'도 '고즈넉하지 않다'가 자연스럽습니다.

한편 '하다'가 없는 4글자 이상의 어휘는 긴 부정으로 사용하는 경우가 많습니다. '아름답다'는 '안 아름답다'가 어색합니다. 그래서 '아름답지 않다'라는 표현을 사용하는 게 일반적이라고 할 수 있습니다.

흥미로운 것은 아이들은 긴 부정보다는 짧은 부정을 좋아한다는 점입니다. 그래서 아이들의 말이나 글을 보면 안이 많습니다. 짧은 부정의 말과 글을 과도하게 사용하는 것이지요. 아이들은 '안 공부할래요, 안 사랑해요, 안 아름다워요'와 같은 말을 어색하다고 생각하지 않습니다.

긴 부정은 좀 더 공식적인 느낌을 줍니다. 언어생활에서 표현이 길어지면 완곡하거나 정중한 표현처럼 느껴집니다. 표현이 짧아지면 반말이 되거나 예의가 없는 표현, 또는 아동의 표현이 될 수 있습니다. '말이 짧다'라는 말이 무례하다는 느낌으로 사용되는 이유이기도 합니다. '안'이 들어가는 부정을 사용할 때는 정중해 보이지 않을 수 있으니 조심해야 합니다. 안 부정문의 경우에 감정이 직접적으로 드러나기도 합니다. 그래서 정중하지 않거나 무례한 느낌을 주는 것이겠지요. '안 먹어요, 안 가요, 안 사요'의 느낌을 생각해보기 바랍니다. 똑같은 부정 표현이어도 부드러운 느낌을 더해보기 바랍니다.

'안'과 '않'의 구별은 어렵지 않습니다. 뒤에 꾸며줄 말이 오면 '안'이고, 뒤에 어미가 오면 '않'입니다. 간단하게는 안은 '아니'로 바꿔 쓸 수도 있습니다. 어렵지는 않지만 설명을 제대로 들은 적이 없기 때문에 자꾸 틀립니다.

안/않의 구분

안 다른 말을 꾸밀 때
   안 먹고, 안 쓰고, 안 자고, 안 입고

않 그 자체가 어간
   않고, 않으며, 않다, 않습니다, 않겠습니다

양염쥐는
예외

맞춤법에서 가장 힘든 것 중의 하나
는 아마 암수라고 할 때의 '수'와 '숫'을
구별하는 문제일 것입니다. 결론부터 말하면
모두 '수'를 쓴다고 기억하는 게 좋습니다.

발음을 생각하다보면 헷갈립니다. 예를 들어 '수놈과 숫놈'
'수소와 숫소'를 발음으로 구별하기란 쉬운 일이 아닙니다. 발음
을 해보면 [순놈] [숟쏘]로 발음되는 경우가 대부분입니다. 그러
니 맞춤법을 틀릴 수밖에 없습니다. 그래서 암수의 수는 무조건
수라고 외워야 한다고 설명한 것입니다. 수놈과 수소가 정답입
니다. 표준어 규정에는 암과 수에서 수라고 쓰는 것은 원형을 밝

히기 위해서라는 설명이 나옵니다.

　다른 예들로는 수컷, 수탉, 수캐, 수퇘지, 수평아리가 있습니다. 이 예들은 [ㅎ]음이 첨가되어 뒤의 발음에 영향을 준 것입니다. 것, 닭, 개, 돼지, 병아리가 발음이 바뀐 예입니다. 이것은 암의 경우도 마찬가지입니다. 암컷, 암탉, 암캐, 암퇘지, 암평아리로 바뀝니다. 물론 뒤의 동물이 거센소리가 될 수 없는 환경이라면 수만 쓰이고, 뒤는 바뀌지 않습니다. 수사슴이나 수노루의 경우를 생각해보면 금방 알 수 있습니다.

　그런데 암과 수는 원래의 형태를 중요하게 생각해서 수로 맞춤법을 정했다는 설명에는 허점이 있어 보입니다. 왜냐하면 아직 우리말에 '숫'이 있기 때문입니다. 아예 안 가르쳐주면 혼동이 없을 듯도 하지만 그래도 혹시나 생길 실수를 대비하기 위해서 설명해보겠습니다. 법칙으로도, 원리로도 설명이 잘 안 되면 차라리 외우는 편이 낫습니다. 그리고 외울 때는 쉽고 오래 기억할 수 있게 재미있는 예를 만드는 게 좋습니다.

　우리말에서 숫이 쓰이는 예는 세 가지입니다. 이 때문에 예외를 만들 필요가 있을까 하는 의심이 생깁니다. 아마도 앞으로 시간이 지나면 숫이 쓰이는 예는 없어지지 않을까 합니다. 세 예에 해당하는 동물은 바로 양과 염소와 쥐입니다. 숫이 쓰이는 이유를 발음에서 찾는다면 쉽게 납득하기 어렵습니다. 앞에서 설명한 수소나 수놈도 발음에서도 시옷 소리가 나기도 합니다.

우리는 숫양, 숫염소, 숫쥐를 언제 사용할까요? 여러분은 사용해본 적이 있나요? 목축업을 하지 않는다면 숫양, 숫염소라는 말을 사용할 일이 없지 않을까요? 성경을 보면 숫양과 숫염소라는 표현이 등장하기도 합니다. 숫쥐라는 표현은 언제 쓸까요? 곰곰이 생각해보니 실험실에서는 사용하지 않을까 하는 생각이 들었습니다. 아무튼 세 단어는 자주 쓰이는 어휘는 아니니 기억해둘 필요성은 매우 적습니다.

그런데도 예외로 존재하는 이상 간단히 기억하는 방법을 만드는 게 좋겠습니다. 어쩔 수 없이 기억해야 한다면 세 어휘를 묶어서 '양염쥐'로 기억하면 어떨까요? 맞춤법을 가르치는 사람들이 종종 사용하는 방법인데, 기억에 오래 남습니다.

우리는 보통 치킨을 시킬 때 양념 반 프라이드 반을 주문합니다. 양념 치킨이라고 하면 한국식 치킨 요리를 떠올리는 외국인도 많습니다. 한국 음식에는 양념이 중요합니다. 양념 치킨은 맛도 참 좋지요. 좀 끔찍하기는 하지만 '양념 쥐'를 생각해보세요.

이렇게 '양염쥐'로 기억하면 절대로 잊어버리지 않을 것입니다.

양염쥐는 예외입니다. 숫양, 숫염소, 숫쥐는 수로 쓰지 않고 숫으로 써야 하는 세 가지의 예외입니다. 나머지는 모두 수로 씁니다. 이제 수와 숫의 구별이 명쾌해졌기를 바랍니다.

숫으로 써야 하는 세 가지 예외

숫양 　　 숫염소 　　 숫쥐

이 세 가지 외에는 모두 '수'로 쓴다

'예'의 반대말
'아니요'

'예'와 '아니요'에 대한 이야기를 해볼까 합니다. 더 정확하게는 '예'의 반대말 '아니요'에 대한 이야기입니다.

예전에 모두 '예'라고 할 때 '아니요'라고 할 수 있어야 한다는 내용의 텔레비전 광고를 본 적이 있습니다. 쉬운 일이 아니지요. 모든 사람이 맞다고 하는데 나만 틀렸다고 말하려면 상당한 용기가 필요합니다. 종종은 내 의견에 대한 확신도 떨어지게 됩니다. 아무리 내가 맞다고 생각해도 모두 나와 반대의 의견이면 자신이 없어집니다. 정말 내가 맞을까 하고 말입니다. 그래서 아니요라고 할 때는 더욱 내 의견에 대한 확신이 필요합니다.

우리 속담에 '모난 돌이 정 맞는다'라는 말이 있을 정도로 자신만 다른 의견을 내는 것은 정말 용기가 필요한 일입니다. 정을 맞을 수도 있습니다. 반대의 경우도 마찬가지겠지요. 모두 아니라고 하는데 예라고 말하는 것도 쉬운 일이 아닙니다. 세상을 살면서 시류時流에 따라가는 것이 편할 때가 있습니다. 남들의 의견에 묻어가는 것이지요. 주변 사람들도 세상을 따라가며 편히 살라고 충고하곤 합니다. 옳다고 생각하는 길을 가는 것은 외롭습니다. 그래서 용기가 필요합니다.

인터넷에서 위의 광고 문구를 찾으면 대부분 '아니오'라고 나옵니다. 예의 반대말을 아니오라고 본 것입니다. 원래 광고를 확인해보고 싶은 마음이 들었습니다. 물론 발음으로는 '아니요'와 '아니오'를 뚜렷이 구분할 수 없기에 원 자료를 찾아봐도 알기 어려울 수도 있습니다.

그럼 맞춤법에서 '아니오'와 '아니요' 중에 어떤 게 맞을까요? 정답은 둘 다 맞다입니다. 물론 경우에 따라서 말입니다. 어떤 때는 '아니오'가 맞고, 어떤 때는 '아니요'가 맞습니다.

하지만 위의 광고 내용이라면 '아니요'가 맞습니다. 표준국어대사전에 보면 '다음 물음에 예, 아니요로 답하시오'와 같이 '예'

에 상대되는 말은 '아니요'라고 나와 있습니다. 반면에 '아니오'는 '이것은 책이 아니오' '나는 홍길동이 아니오'와 같이 한 문장의 서술어로만 쓴다고 되어 있습니다. 구별이 되나요? 조금 더 말씀을 드려볼게요.

※

우리가 쓰는 말에는 '아니오'가 나올 확률이 매우 낮습니다. 따라서 '아니요'라고 알아두는 게 훨씬 간단합니다. '아니오'는 문법적으로는 하오체에 해당합니다. 요즘에는 거의 쓰지 않는 높임법이라고 할 수 있습니다. 위에 있는 예문인 '이것은 책이 아니오'를 언제 쓸 수 있을까요? '나는 홍길동이 아니오'라는 문장은 어떤가요? 여러분은 최근에 비슷한 문장을 쓴 적이 있나요? 아마 연세가 지긋한 몇 분을 제외한다면 쓸 일이 거의 없는 표현이라고 할 수 있습니다. 하오체는 예사높임이라고 하는데 예사낮춤인 하게체와 마찬가지로 거의 쓰지 않는 높임법이 되어가고 있습니다.

'아니요'는 문법적으로는 해요체라고 할 수 있습니다. 해요체는 해체에 '요'가 붙은 모습입니다. 달리 말해서 요를 빼도 말이 되는 표현입니다. '아니요'는 요를 빼면 두루 낮추는 말인 '아니'가 됩니다. 따라서 '응/아니'와 '예/아니요'로 대비된다고 할 수 있겠습니다. '아니'라고 하면 반말이 되고, '아니요'라고 하면 존댓말이 된다는 말입니다. '해/해요'의 관계와 같다고 할 수 있겠습니다. 저는 농담으로 남들이 다 '아니오'라고 해도 '아니요'라고 할 용기가 있어야 한다고 합니다. '예'의 반대는 '아니오'가 아니라 '아니요'입니다.

아니오/아니요의 구분

응/아니   예/아니요

남들이 다 '아니오'라고 해도 '아니요'라고 할 수 있는 용기

'오'와 '요'

여러분도 문장 끝에 '-오'를 써야 할지, '-요'를 써야 할지 헷갈릴 때가 많을 것입니다. '이오'와 '이요'가 대표적입니다. 어미 '-오'와 '-요'를 구별하는 것은 그리 어려운 일은 아닙니다. '이오'와 '이요'를 구별할 때 가장 간단하게 설명하는 방법은 문장을 끝맺을 때는 '이오'라고 쓰고, 연결할 때는 '이요'라고 쓴다는 것입니다. '이것이 책이오'라고 하여 문장을 맺으면 '오'가 맞고, '이것은 책이요, 저것은 연필이다'라고 할 때는 '요'가 맞는다고 설명하면 됩니다. 쉽지 않은가요?

하지만 여기에는 몇 가지 생각해볼 점이 있습니다. '오'를 끝맺을 때 사용하는데 왜 자꾸 '요'라고 틀리게 쓸까요? 가장 많이 틀리는 예는 '어서 오십시요'가 아닐까 합니다. 앞에서 설명한 '이오'와 '이요'의 예를 보면 틀리는 이유를 짐작할 수 있습니다. 바로 발음 때문입니다. '이' 모음 다음에 '오'가 오기 때문에 자연스럽게 '요'로 발음이 됩니다. '-오'라는 형태를 기억하고 있지 않다면 발음으로 구별하기란 쉬운 일이 아닙니다. '어서 오십시오'는 '하십시오'체의 문장이기 때문에 당연히 '오'라고 써야 합니다. 하오체 문장도 당연히 '오'라고 써야 하지요. '쓰레기를 버리지 마시오'나 '담배를 피우지 마시오'가 여기에 해당합니다.

그런데 요즘은 하오체 문장은 말할 때는 잘 사용하지 않습니다. '이것은 책이오'라는 말도 어색한 표현이라는 생각이 듭니다. '이오'는 실제로 사용할 일이 거의 없는 표현이라고 할 수 있습니다. '이오'와 '이요'의 구별은 사실 거의 필요 없고, 대부분 연결의 '이요'라고 기억해두는 것이 편리합니다. 또한 '하시오/하십시오/마시오/마십시오' 같은 예를 기억해두면 어느 경우에 '오'를 쓸지 대부분 알게 됩니다.

'오'와 '요'를 혼동하게 만드는 요소가 하나 더 있는데, 그것은 바로 해요체입니다. 우리말의 비격식체에는 해체와 해요체가 있습니다. 해체는 친근한 반말의 말투이고, 해요체는 친근한 높임말의 말투입니다. 해체를 반말이라고 했지만 우리가 알고 있는 반말과는 차이가 있습니다. 보통 반말은 윗사람에게 하면 안 되지만 해체는 친근한 윗사람에게는 사용이 가능합니다. 대표적으로 부모님이나 언니, 오빠, 형, 누나와 가까운 선배에게도 사용할 수 있습니다. 그래서 해체를 반말이라고 하는 게 맞는가에 대해서 의문이 생깁니다.

해체와 해요체의 차이점은 간단합니다. '요'를 붙였는지 아닌지입니다. '요'를 붙이면 해요체가 되고, 안 붙이면 해체가 됩니다. 그래서 어떤 사람은 해체로 이야기하다가 상대의 기분이 별로인 듯하면 '요'를 잽싸게 붙입니다. 그러면 낮춤이 높임으로 변합니다.

외국인 학생들도 한국어를 어느 정도 하게 되면 해요체를 주로 사용합니다. 배우기도 사용하기도 쉽기 때문이지요. 해요체일 때는 평서문이나 명령, 의문, 청유, 감탄 등의 표현이 다 억양으로 결정됩니다. 언어 형태에는 변화가 없어서 형태 고민을 안 해도 되니 외국인 학생들도 좋아합니다. '영화 보러 가요'라는 말이 억양에 따라 질문도 되고, 대답도 되고, 명령이나 감탄도 됩니다. 반면에 '영화 보러 갑니다'는 모양이 바뀌어야 합니다. '갑니다, 갑니까?, 가십시오, 갑시다'의 변화를 적용해야 합니다.

다시 앞의 이야기로 돌아가볼까요? 문장을 맺을 때는 '오'라고 쓰고 연결할 때는 '요'라고 쓴다고 했는데 당장 해요체라는 예외가 생기지 않았나요? 해요체 문장은 당연히 '요'로 끝나야 합니다. 간단한 줄 알았는데 갑자기 복잡해지지 않았나요? 문법과 맞춤법이 어렵다는 생각이 다시 들 것입니다.

그런데 해요의 '요'는 하시오, 마시오의 '오'와는 차이가 있습니다. '요'를 빼고도 말이 되면 '요'를 쓰고 말이 안 되면 '오'를 쓴다고 기억하면 됩니다. 예를 들어 '밥을 먹어요'는 요를 빼도 '밥을 먹어'로 말이 됩니다. 반면에 '들어가지 마시오'는 오를 빼면 '들어가지 마시'로 이상한 문장이 됩니다. 따라서 오를 써야 하는 자리입니다.

이제 마지막 수수께끼를 풀 차례입니다. 그렇다면 '하세요'는 어떻게 설명할까요? '하세요'도 해요체입니다. 하지만 이 경우도 '요'를 빼면 말이 되지 않기 때문에 하세오라고 쓰는 게 맞지 않을까요? 여러분의 생각은 어떤가요? 물론 발음이 요로 나기 때문에 틀리지는 않을 수 있습니다. 단지 마시오와의 관계에서 설명이 어렵고, 오히려 마시오를 틀리게 만드는 원인이 되기 때문에 설명이 필요하다는 말입니다.

답은 하세요가 '하셔요'의 변형이라는 점에서 찾을 수 있습니다. 하세요는 하셔요에서 변한 말로 보고 있습니다. 하셔요는 '요'를 빼도 말이 됩니다. '~하셔!'라는 표현을 종종 듣습니다. 여기에 '요'를 붙여 '하셔요'가 된 것입니다. 문장 종결의 '오'와 '요'는 좀 복잡해 보이지만 원리를 알면 혼동하지 않을 수 있습니다.

오/요의 구분

이오   문장을 끝맺을 때
　　　　 이것은 책이오. 오늘은 그만 하시오.

이요   문장을 연결할 때
　　　　 이것은 책이요, 저것은 연필이다.

데? 대?

비슷한 글자의 맞춤법은 정확하게 기억해 두지 않으면 계속 틀리게 됩니다. 보통은 발음이 거의 똑같이 들리기 때문에 발음으로도 구별이 어렵습니다. 당연히 조금만 시간이 지나도 헷갈리게 마련입니다. 그래서 원리를 충실히 기억해두어야 합니다. 예를 들어 '데'와 '대'가 그렇습니다. 데와 대를 발음해보세요. 잘 구별할 수 있나요? 쉽지 않지요?

이런 이유로 여러 곳에서 '데'와 '대'의 혼동이 일어납니다. '데'를 써야 하는 곳에 '대'를 쓰고 '대'를 써야 할 자리에 '데'를 씁니다. 특히 문장을 끝맺는 종결의 '-데'와 '-대'는 원리로 기억해둘 필요가 있습니다. 원리를 기억하면 간단하게 구별할 수 있습니다. 이 두 표현 사이에는 어떤 원리가 숨어 있을까요?

먼저 'ㅔ'를 쓰고 있는 '-데'는 데 안에서 '-더-'를 찾아내야 합니다. 데 안에 '더'가 보이지요? '더'와 'ㅣ'로 나눌 수가 있습니다. 여기의 더는 회상을 나타내는 말입니다. 따라서 의미 자체가 옛일에 대한 회상을 담고 있습니다. '영희가 청소를 하데'라는 문장은 영희가 청소를 하더라는 의미입니다. '-더-'의 의미를 담고 있습니다. '-더라, -더냐, -더군, -더구나, -던, -던데' 등도 '-더-'의 의미를 담고 있습니다. 모두 과거에 대한 회상입니다.

한편 '대'는 '다고 해'의 준말입니다. 우리말에는 이런 준말이 많습니다. 이를 '고하 생략'이라고 합니다. '다고 해'에서 '고하'가 생략되어 '대'로 되었다는 의미입니다. 명령에서는 '라고 해'가 '고하'가 생략되어 '래'가 됩니다. '선생님이 너 오래!' 할 때 쓰는 표현입니다. '먹으래, 가래, 있으래' 등 다양한 표현에서 쓸 수 있습니다. 주로 글을 쓸 때보다는 말할 때 쓰는 표현입니다.

질문을 할 때는 '냐고 해'의 경우는 '내'가 됩니다. '언제 오내?' 하고 묻는 경우에 쓰입니다. 권유를 할 때는 '자고 해'는

'재'가 됩니다. '내일 극장에 가재'와 같은 문장에 쓰입니다. '하재, 먹재, 만들재' 등에 폭넓게 쓰입니다. 일반적인 맺음(평서), 명령, 의문, 청유 등 많은 문장에서 고하 생략이 일어납니다. 고하 생략은 우리말 구어체에서 일반적인 현상입니다.

두 표현을 구별하기 위해서 '데'는 '더'를 기억해야 하고, '대'는 '다고 해'의 준말이라는 점을 기억해야 합니다. 여기서 하나 더 생각할 것은 '더'는 주어가 행위의 주체라는 점입니다. '설악산 단풍이 정말 예쁘데'라고 하면 자기가 본 것을 바탕으로 말하는 것입니다. 본인의 경험, 회상인 셈입니다. 다른 말로 하면 '설악산 단풍이 정말 예쁘더라'의 의미입니다. 그런데 비슷한 표현이지만 '설악산 단풍이 정말 예쁘대'라고 하면 이때는 자신의 경험이 아닙니다. 들은 이야기를 하는 것이지요. 다른 말로 하면 '설악산 단풍이 정말 예쁘다고 해'가 됩니다.

질문을 할 때도 비슷하게 구별해야 합니다. 예를 들어 '많데?'와 '많대?'는 '많던가?'라는 의미와 '많다고 해?'로 구별해볼 수가 있습니다. '사람이 많데?'와 '사람이 많대?'를 구별해보면 앞의 것은 '사람이 많더냐?'의 의미가 되고, 뒤의 것은 '사람이 많다고 해?'의 뜻입니다. 즉 앞의 것은 대답하는 사람이 직접 경험

했는지를 묻는 것이고, 뒤의 것은 대답하는 사람이 들은 내용을 전하라는 뜻이 됩니다.

맞춤법은 표기법만의 문제가 아닙니다. 단순히 글자를 틀리는 것을 넘어 다양한 문제를 일으킬 수 있습니다. '데'와 '대'의 문제처럼 표기만이 아니라 해석의 문제에까지 영향을 미칩니다. 맞춤법을 모르면 독해도 못하게 됩니다. 반대로 맞춤법을 틀리면 글쓰기를 할 때 오해를 불러일으킬 수도 있습니다.

데/대의 구분

데   -더-, 회상, 듣는 이의 경험

       영희가 청소를 하데. → 영희가 청소를 하더라.

       사람이 많데? → 사람이 많더냐?

대   -다고 해, 다른 사람에게 들은 내용

       사람이 많대? → 사람이 많다고 해?

오뚜기와
오뚝이

어떤 맞춤법은 틀리는 이유가 상표나 방송에 있습니다. 참 아쉬운 일이지만 상표를 틀리게 쓰거나 방송에서 자주 실수를 해서 사람들이 익숙해지는 것입니다. 가장 대표적인 상표로는 '오뚜기'가 있습니다. 오뚜기는 카레 등으로 유명합니다. 쓰러져도 일어나는 불굴의 상징이기에 회사명으로 썼을 것입니다. 그래서 수많은 국민들이 더 오뚜기를 사랑했겠지요.

그런데 문제는 오뚜기가 표준어가 아니라는 점입니다. 오뚜기의 표준어는 '오뚝이'입니다. '오뚝'에 '이'가 붙어서 형성된 어휘입니다. 하지만 많은 사람들은 이런 형성 과정은 모르고 설마 회사가 이름을 잘못 썼겠느냐며 철석같이 믿는 것입니다.

'나드리' 같은 상표도 발음 나는 대로 쓴 표기입니다. 원래 맞춤법은 발음보다는 의미에 초점을 맞추기 때문에 '나들이'라고 해야 합니다. 나가고 들어간다는 의미를 담고 있습니다. 그런데 발음하기 편하고 보기 예쁘다는 이유로 상표를 만들어낸 것입니다. 비교적 이 어휘는 많이 틀리지는 않지만 혼동의 원인이 된다는 점은 분명합니다.

ₜₜₜ~

또 어떤 상표는 우리말을 영어로 보이기 위해 애쓴 흔적이 나타납니다. 아예 우리말과 외국어를 합쳐서 새로운 어휘를 만들기도 합니다. 그런데 문제는 영어식으로 단어를 만들다보면 우리말에서는 이상한 의미가 될 수도 있다는 점입니다.

'미소지움'이라는 상표를 본 적이 있는데 아마 이 상표를 만들 때 '콜로세움'과 같은 어휘와 '미소 짓다'를 합쳐서 미소를 짓게 만드는 건물이라는 의미로 작명을 한 듯합니다. 생각은 좋았지만 오해의 여지도 있습니다. 실제로 그 상표를 본 어떤 사람이 저에게 왜 저 건물은 미소를 지우느냐고 하더군요. 미소를 짓게 만드는 건물이 아니라 미소를 지우는 건물이라는 오해 아닌 오해가 발생하게 된 것입니다.

문제는 외래어인 경우에 더 많이 일어납니다. 분명 외래어 표기법이 있는데도 고유명사라는 미명하에 마음대로 상표명을 붙이는 것이지요. 현재로서는 이렇게 상표를 만드는 것을 막을 수 없습니다. 고유명사에 대해서는 규제가 없기 때문입니다. 하지만 이런 이유 때문에 일반인들은 맞춤법을 오해하고 틀리게 됩니다. 기업이 설마 틀린 표기를 상표로 썼겠느냐고 말하는 것을 들을 때마다 상표의 위력을 실감하게 됩니다.

　영화 속의 무서운 상어인 죠스(조스)는 아이스크림이나 떡볶이 등의 상표에 널리 사용됩니다. 당연히 죠스가 맞는 표기라고 생각하겠지만 우리말 외래어 표기에서는 지읒이나 치읓 다음에는 이중모음을 쓰지 않습니다. 따라서 '조스'가 맞는 표기입니다. 하지만 많은 곳에서 죠스라고 쓰니 혼동이 일어나는 것은 당연할 수도 있습니다.

　쏘나타, 까스 활명수, 훼미리 등도 틀린 표기의 예입니다. 우리말에서는 외래어에 된소리 표기를 하지 않는 게 원칙입니다. 당연히 소나타, 가스 활명수, 패밀리라고 써야 합니다. 어쩌면 상표를 만드는 사람들은 대중에게 익숙한 표기를 썼다고 말할 수도 있겠습니다. 하지만 그전에 상표가 세상에 미치는 영향을 생각해야 하지 않을까 싶습니다. 우리말의 외래어 표기법이 어럽게 느껴지는 이유도 상표나 사람들의 폭넓은 오용에 있지 않을까 합니다. 기본 원칙이 지켜지지 않는 것입니다.

회사에서 상표를 만들 때 사회적 역할에 대해서 더 고민해보았으면 좋겠습니다. 국립국어원에서도 어쩔 수 없는 한계가 있겠지만 명확히 틀린 맞춤법이나 외래어 표기가 쓰인 상표에 대해서는 이야기를 할 필요가 있지 않을까 합니다. 요즘은 방송에서도 틀린 맞춤법이 너무 많이 나와서 걱정입니다.

꽃꽃꽃

동네를 다니다보면 상점 간판에서 수많은 오류를 발견하게 됩니다. 어떤 단체에서 간판에 맞춤법 틀린 것을 찾아서 신고하면 상금을 준다고 했다가 망할 뻔했다는 이야기를 들은 적이 있습니다. 슈퍼마켓, 카센터, 커피숍 등의 어휘도 많이 틀립니다. 외래어 표기법을 공부한 후 동네 길을 걸으면서 찾아보세요. 놀라운 일이 일어날 것입니다.

물론 외래어 표기법이 복잡해서 일어난 일일 수도 있습니다. 저 역시 외래어 표기법이 혼동될 때가 있어서 좀 더 쉽게 만들거나 사람들이 많이 쓰는 말을 표준어로 인정해야 한다는 생각을 하고 있습니다. 하지만 일단 정해진 외래어 표기는 가능하면 잘 배워서 지켜야 하지 않을까 싶습니다. 특히 기업이나 방송의 역할이 정말로 중요하다고 생각합니다. '케챂(케첩), 캬라멜(캐러멜), 바게뜨(바게트)' 등의 어휘를 고유명사라는 이유로 그냥 두어야 하나 고민이 생깁니다.

우리말의 외래어 표기

ㅈ, ㅊ 다음에 이중모음, 된소리 표기를 하지 않는다

조스(O)   소나타(O)   가스(O)

죠스(×)   쏘나타(×)   까스(×)

칠칠맞다와
칠칠맞지 않다

항상 칠칠맞은
사람이 되도록
노력합시다.

세상을 살아가다보면 실수가 잦은 사람을
만납니다. 처음에는 웃어넘기지만 자꾸 실
수가 반복되고, 다른 사람에게 피해를 주면 문
제가 커집니다. 그럴 때 우리가 나무라면서 하는 표현이 '칠칠맞
지 못하다'는 말입니다. 그런데 흥미로운 것은 똑같은 상황에서
'칠칠맞다'는 말도 쓸 수 있다는 점입니다. 긍정과 부정이 같은
뜻으로 쓰이는 이상한 예라고 할 수 있습니다.

그럼 우리는 칠칠맞은 사람이 되어야 할까요? 아니면 칠칠맞
지 않은 사람이 되어야 할까요? 칠칠치 못한 사람은 칠칠맞은
사람과 어떤 관계가 있을까요? 칠푼이라는 말과도 관련이 있을

까요? 모두 쉽지 않은 물음입니다. 결론적으로 말하자면 칠칠맞은 사람이 좋은 것입니다. 칠칠하지 못한 사람이나 칠칠맞지 못한 사람은 비슷한 의미라고 할 수 있습니다. '칠칠맞다'는 '칠칠하다'의 속된 표현이기 때문입니다.

※

'칠칠하다'라는 말을 사전에서 찾아보면 '주접이 들지 아니하고 깨끗하고 단정하다' '성질이나 일 처리가 반듯하고 야무지다'의 의미로 나옵니다. 우리가 자주 사용하는 것은 이를 부정으로 표현하는 경우입니다. 칠칠치 못하다든지 칠칠맞지 못하다고 씁니다. 칠칠하다는 말을 잘 사용하지 않음을 기억해두면 칠칠맞다가 좋은 의미임을 연관 지어 생각할 수 있습니다. 칠칠한 것이나 칠칠맞은 것은 좋은 의미입니다.

칠칠한 것이 단정하고, 일처리가 야무진 것이기에 음식을 흘리면서 먹거나 실수가 잦으면 칠칠맞지 않은 게 됩니다. 얼굴에 밥풀을 붙이고 다니고, 비만 그치면 우산을 잃어버리고, 남에게 엉뚱한 피해를 줄 때 칠칠하지 못한 사람이 됩니다.

그런데 우리는 어느 순간 부정적인 표현에만 익숙해져서 긍정적인 표현을 쓰지 않는 경우가 있습니다. '칠칠하다'는 말을 안 쓰는 것도 그러한 이유라고 할 수 있습니다. 하도 부정적인 표현만 쓰다보니 '칠칠맞다'의 의미가 혼동되기 시작한 것이지요. 부정적인 표현을 줄여서 말하다가 의외의 실수를 하게 된 예입니다.

비슷한 예로 외래어 '스테인리스'가 있습니다. 이는 원래 녹이 슬지 않는다는 의미를 이야기할 때 쓰는 어휘인데, 줄여서 '스텡, 스뎅'이라고 잘못 쓰는 예가 발생했습니다. 스테인은 녹이 슨다는 말이니 얼마나 뜻의 전달이 우습게 되었는지 알 수 있습니다. 그런데 재미있는 것은 예전에 집에 있던 '스뎅 그릇'은 가끔 녹도 슬었다니 어휘가 의외의 진실(?)을 담고 있다는 생각이 듭니다. 물론 스텡이나 스뎅은 여전히 표준어가 아닙니다.

이제 칠칠맞다와 칠칠맞지 않다가 모두 부정적인 의미로 쓰이고 있어서 언어학적으로 흥미로운 현상이 되었습니다. 그런데 이상하고 재미있는 것은 이런 말에 대해서 사람들은 그다지 궁금해하지 않는다는 점입니다. 어쩌면 칠칠맞다는 소리를 듣고 기분이 좋은 사람은 대단한 사람일 수도 있습니다. 거의 없겠지만 말입니다. 저 역시 이 말을 듣고 웃어넘기기는 어려울 듯합니다.

아마도 '칠칠'이 부정적인 의미로 다가와서 이런 현상이 발생했을 것으로 보입니다. '칠푼이'가 주는 강렬함도 원인이 되었을 듯합니다. 칠푼이는 팔푼이와 칠삭둥이는 팔삭둥이와 관련이 있습니다. '7'은 어머니 뱃속에서 열 달을 못 채우고 태어나 여러 가지로 발달이 부족한 경우가 있었기에 생겨난 숫자입니다. 사실은 놀려야 할 숫자가 아니라 돌봐주어야 하는 숫자이지요.

칠칠한 사람은 일을 야무지게 하며 차림이 단정하고 깨끗한 사람입니다. 다른 사람에게 피해를 주지도 않습니다. 우리가 하는 실수 중에는 즐거운 실수도 있습니다. 남에게 웃음을 주는 실수는 때로 필요할 수도 있습니다. 하지만 칠칠치 못함이 반복되다보면 큰 문제를 일으키기도 합니다. 그런 경우에는 돌이킬 수 없는 실수가 됩니다. 위험한 일이지요. 우리는 평소에 칠칠하게 지내야 합니다. 항상 칠칠맞은 사람이 되도록 노력합시다.

칠칠맞다/칠칠맞지 않다

칠칠맞다(칠칠하다)
→ 성질이나 일 처리가 반듯하고 야무지다

칠칠맞지 않다(칠칠치 못하다)
→ 실수가 잦고 남에게 피해를 주다

오랜만과
오랫동안

어떤 맞춤법은 지식이 방해 요소가 됩니다. 맞춤법이나 국어학에 대해서 많이 알기 때문에 틀리기도 한다는 말입니다. 예를 들어 사이시옷 표기법에 대해서 알고 있는 사람은 사이시옷이 필요하지 않은 자리인데도 자꾸 사이시옷을 쓰고 싶어 합니다. 이는 몰라서이기는 하지만 한편으로는 사이시옷에 익숙해져 있기 때문입니다.

'오랜만에, 오랫만에, 오래동안, 오랫동안'을 보다보면 그게 그것 같고 무엇이 맞는지 헷갈립니다. 외우고 돌아서면 잊어버립니다. 특히 받침이 시옷인지 니은인지를 힘들어하는 경우가 많습니다. 어떻게 구별해야 할까요?

'오랫동안'은 사이시옷이 포함된 예입니다. 즉 '오래'와 '동안'이 합쳐진 단어인데, 사잇소리 현상이 일어난 것입니다. 발음이 [오래똥안]이라고 나지요. 당연히 오래동안이 아니라 '오랫동안'이라고 써야 합니다. 순우리말 사이에서 뒤의 말이 된소리가 되면 사이시옷을 써야 하는 것이 우리 맞춤법의 원칙이기 때문입니다.

한편 '오랜만에'를 '오랫만에'라고 쓰는 예를 자주 보는데 이는 오랫동안과 혼동해서 일어나는 것으로 보입니다. 사이시옷이 강하게 각인되어서 오래와 만의 사이에 사이시옷을 넣은 것입니다. 하지만 이때는 일단 사이시옷이 필요한 자리가 아니라는 점도 기억해야 합니다. 그렇다면 왜 니은을 쓸까요? 시옷이 아닌 니은을 쓰는 것은 더 이상하지 않은가요? 단어 사이에 니은을 쓰는 다른 예가 있던가요?

이러한 물음 때문에 끝내는 맞춤법을 틀리게 됩니다. 고민이 많아진 것입니다. 이것 역시 맞춤법에 대한 지식이 많아서 틀리는 예 중의 하나입니다. 그럼 왜 니은을 쓴 것일까요? '오랜만에'는 사실 줄어든 말입니다. 니은이 첨가된 것이 아니라 줄어든 흔적이라는 의미입니다. 어떤 말에서 줄어든 것일까요? 바로 '오래 간만에'가 줄어들어서 '오랜만에'가 된 것입니다. 따라서 니은은 '간'의 흔적이라고 할 수 있습니다. 사이시옷이나 음운 첨가와는 아무런 관계가 없습니다.

꿍

사이시옷과 관련된 다른 예를 생각해볼까요? 우리말에서 위층과 아래층은 발음을 해보면 왠지 사이시옷이 들어가야 할 것 같습니다. 위쪽과 아래쪽도 마찬가지입니다. 그래서인지 자주 맞춤법을 틀립니다. 간단하게 설명하면 된소리나 거센소리 앞에서는 사이시옷을 쓰지 않는 게 맞춤법의 원칙입니다. 이미 된소리나 거센소리에 사잇소리가 포함되어 있다고 보는 것이지요.

사람에 따라서는 발음을 해봐도 이해가 잘 안 될 것입니다. 그래도 원칙을 따라야 합니다. 왜냐하면 어떤 경우에는 원칙이 있어서 간단할 수가 있기 때문입니다. 사람마다 발음이 조금씩 달라서 어떤 사람은 된소리와 거센소리 앞에서는 사잇소리가 전혀 나지 않는다고 말하기도 합니다.

저 역시 사이시옷을 틀릴 때가 있습니다. 그 이유는 대부분 발음에 있습니다. '머리말'이 맞나요, '머릿말'이 맞나요? 사이시옷도 '사잇시옷'으로 발음하기도 합니다. 발음만으로는 구별이 어려운 경우가 있기 때문에 본인의 발음과 맞춤법이 다를 때에는 꼭 표기를 기억해두어야 합니다.

이런 혼란스러움을 극복하는 방법으로는 그래도 원칙을 아는 것이 가장 필요한 요소라고 할 수 있습니다. 사이시옷을 쓸 때는 원칙을 살피고, 그래도 해결되지 않을 때는 어원을 따라가야 합니다. 우리말에서 가장 복잡한 표기법인 사이시옷을 해결하는 방법은 이게 최선인 것 같습니다.

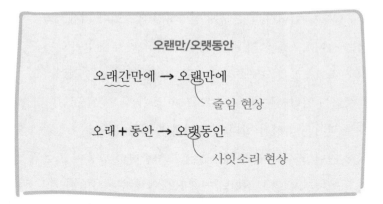

그러고
나서

우리가 자주 틀리는 맞춤법 중에 '그러
고 나서'라는 말도 있습니다. 우리말의 접속
어는 어원적으로 명확한 경우가 많습니다. 예를 들어 '그런데'는
'그러한데'가, '그래서'는 '그렇게 해서'가 줄어든 말입니다. '그
러나'는 '그러하나'와 관련이 있고, '하지만'은 '~을 하지만', '따
라서'는 '~을 따라서'와 관련이 있습니다. '그리하여'라는 말은
'그렇게 하여'가 변한 것이라고 할 수 있습니다. 더 정확히 설명
하자면 '그리하다'가 활용한 것으로 볼 수 있습니다. 이렇게 원
래 어떤 명확한 의미를 갖고 있던 어휘가 주로 문법적인 역할을
하게 되는 예를 문법화라고 합니다.

'그리고'는 '그리하고'가 바뀐 것이라고 할 수 있습니다. '그리다'라는 어휘와 '그리고'는 관계가 없어 보입니다. 그런데 여기서 문제가 발생합니다. '그리다'의 의미가 아예 없는 것이 아니라 '그림을 그리다'나 '누구를 그리워하다'의 의미를 갖고 있기 때문입니다.

따라서 사람들이 '그리고 나서'라는 말을 쓸 때는 접속어 '그리고'에 '나서'가 붙은 말로 생각하지만 사실은 접속어와는 아무 관계가 없는 표현인 셈입니다. '그리고 나서'라는 말을 굳이 해석하자면 말 그대로 '그림을 그리고 난 후에'라는 의미이거나 '무언가를 그리워하고 나서'라는 의미에 해당하게 됩니다. 이는 원래 그렇게 하고 나서라는 말을 하려는 의도와는 다르게 표현하게 된 것입니다. 의도와 다르므로 당연히 틀린 표현입니다.

여기에서 올바른 표현은 '그리고 나서'가 아니라 '그러고 나서'입니다. '그렇게 하고 나서'라는 의미입니다. 즉 앞에 나온 행위를 다시 받아서 표현하고 있는 것입니다. '친구를 만났다. 그러고 나서 나는 새로운 꿈을 꾸기 시작했다'와 같이 표현해야 맞습니다. 여기에서 '그러고'는 '만나고'의 뜻이 됩니다.

'그러고 나서'가 맞는데도 많은 사람들이 '그리고 나서'라고 씁니다. 어떤 때는 듣는 이도 말하는 이도 전혀 의식하지 못할 만큼 자연스럽습니다. 이는 접속어 그리고의 힘에 우리도 모르는 사이에 끌려가 있기 때문입니다.

원래의 의미와는 전혀 상관없지만 발음의 유사성 때문에 맞춤법의 오류가 일어나는 경우는 이 외에도 많습니다. 특히 화자가 그런 단어려니 생각하고, 때로는 확신을 갖고 오류를 재생산하는 것입니다. 이런 경우는 잘 안 고쳐집니다. 본인이 맞을 거라고 생각하고 있으니 당연히 고치기 어려울 수밖에 없습니다. 그래서 본인 실수의 원인을 정확히 진단할 필요가 있습니다. 앞에서 언급한 '그러고 나서'는 이러한 현상의 대표적인 예입니다. 당연히 '그리고'일 것이라는 확신에서 오는 오류입니다.

또 다른 오류의 예로는 '어이없다'가 있습니다. '어처구니없다'는 뜻으로 특별히 틀릴 이유가 없을 것 같습니다. 하지만 사람에 따라서는 '어의 없다'로 잘못 표기하기도 합니다. 이때도 확신에 차서 틀립니다. 어의를 한자어 어의語義로 잘못 생각하는 것이지요. '낭떠러지'도 '낭떨어지'로 확신에 찬 오류를 범합니다. '떨어지다'라는 어휘의 형태에 사로잡혀 '낭떠러지'가 이상하게 보이는 현상입니다. 이 경우에도 명확하게 본인의 오류를 바로잡지 않으면 계속 오류를 범하게 됩니다.

생각해보면 세상 살아가는 것도 그렇습니다. 우리는 수많은 편견과 선입견 속에서 내 생각이 맞다고 말합니다. 때에 따라서는 남들은 내가 다 틀렸다고 이야기하지만 나는 믿지를 않습니다. 참으로 답답한 일이지만 내가 모르고 하는 일이니까 하는 마음으로 그냥 지내게 됩니다. 내 확신을 종종 의심해볼 필요가 있습니다.

'그리고 나서'가 아니라 '그러고 나서'

그리고 나서 → 그림을 그리고 나서, 무언가를 그리워하고 나서

그러고 나서 → 그렇게 하고 나서

친구를 만났다. 그렇게 하고 나서 → 친구를 만나고 나서

금세와
비로소

맞춤법의 오류 중 어떤 것은 틀린 표기가 눈에 너무 익어서 일어나는 오류입니다. 도대체 틀렸다는 생각을 못합니다. 물론 이러한 오류의 시작도 발음의 유사성에서 온 것입니다. 발음이 비슷하니까 양쪽을 넣어보고 그중에 맞는 것처럼 보이는 것을 옳은 맞춤법이라고 확신하는 것입니다.

얼마 전에 텔레비전을 보는데 자막에 '금새'라는 표현이 나왔습니다. 금방이라는 뜻으로 쓰이는 말을 표기한 것입니다. 옆에 있는 사람들은 아무도 틀렸다는 생각을 안 하는 듯했습니다. 왜일까요? 그것은 '새'를 '사이'의 줄임말이라고 생각하기 때문입니다. 금사이가 줄어들어서 금새가 되었다고 확신하기 때문에 틀렸다는 의식조차 못하는 것입니다. 그런데 답은 금새가 아니라 '금세'입니다. 여러분은 금세라는 어휘가 익숙한가요? 사실 자주 쓰는 어휘인데도 형태에 대해서는 별 관심이 없었던 것 같습니다. 그만큼 금새에 대한 확신이 컸을 수도 있겠네요.

⸙

예전에 아이들을 가르칠 때 농담처럼 '금새'는 금으로 만든 새라는 뜻이라고 이야기한 적이 있습니다. 그래서인지 저에게 배운 아이들은 거의 틀리지 않았습니다. 금새는 금으로 만든 새이고, 금세가 금방이라는 뜻이라고 기억을 했던 것입니다.

금세라는 말은 어원으로 보면 금시에가 줄어든 말입니다. 금시는 한자로 '今時'라고 씁니다. 바로 지금, 또는 곧이라는 뜻이지요. 어르신들이 이야기할 때 '금시 여기에 있었는데'라고 하면 아이들은 금시를 구수한 사투리라고 생각합니다. 하지만 금시는 한자어이고 오래전부터 사용되어온 말입니다.

그런데 금시라는 말이 뒤에 조사 '-에'와 함께 쓰이는 예가 많아서 '금시에'가 한 단어 '금세'로 바뀐 것입니다. 조사가 어휘 속에 포함되어 새 단어가 된 특이한 현상이라고 할 수 있습니다. 조사가 단어 속으로 들어간 예로는 날아다니는 '파리'가 있습니다. 원래는 '풀'에 주격 조사가 붙었던 말인데 하나의 단어로 취급되어 '파리'로 바뀌었습니다. 이런 경우는 드물지만 종종 나타납니다.

한편 '비로소'도 자주 틀리는 단어입니다. 마침내라는 뜻으로 쓰이는 단어인데 우리말의 오 발음과 어 발음이 혼동되는 경우가 많아서 '비로서'라고 쓰는 것입니다. 그런데 비로서는 컴퓨터에서도 틀린 말로 잡아내지 못하는 경우가 많습니다. 왜냐하면 '비로서'를 컴퓨터가 '비+로서(자격을 나타내는 조사)'로 해석하기 때문입니다. 컴퓨터조차 오류로 걸러내지 못하지만 마침내의 뜻에 해당하는 어휘는 비로소입니다.

많은 사람들이 '로서'라는 형태에 익숙해서 '로소'를 틀린 말이라고 생각합니다. 물론 비로소는 비와 로소로 나누어지는 말도 아닙니다. 중세국어에서는 비롯하다가 '비롯다'였습니다. 이 '비롯다'에 '오'가 붙은 말입니다. 부사를 만들 때 어간에 '오/우'가 붙는 예가 꽤 있습니다. '마주'라는 말도 원래 '맞다'에 '우'가 붙은 말입니다. '자주'라는 말도 '잦다'에 '우'가 붙은 말입니다. '도로'라는 말은 '돌다'에 '오'가 붙어 있습니다. 따라서 비로소는 '비롯다'에 '오'가 붙은 말입니다.

마침내나 끝내라는 말이 끝을 강조하는 표현이라면 비로소는 시작을 강조합니다. 드디어 시작되었다는 의미입니다. '한국 음식의 맛을 비로소 알게 되었다'는 말의 느낌을 생각해보세요. 오래 살아서, 음식 연구를 오래 해서 등의 이유로 맛을 알기 시작했다는 느낌으로 쓰인 표현입니다.

금세와 비로소를 금새와 비로서라고 틀리는 것은 익숙함이 만들어낸 오류입니다. 위의 설명을 잘 기억하고 있으면 틀리지 않을 것입니다. 금새는 금으로 만든 새라는 뜻이고, 비로서는 '비라는 자격으로'라는 뜻입니다.

금세와 비로소

금세(O)/금새(×)

금새는 금으로 만든 새

금세가 금방이라는 뜻으로 '금시 ✛ 에'가 줄어든 말

비로소(O)/비로서(×)

비롯다 ✛ 오, 비로소   비라는 자격으로, 비로서

숟가락과
젓가락

'숟가락'과 '젓가락'의 맞춤법에 대해서는 다른 사람들이 많습니다. 일부 호사가들은 숟가락이 입으로 들어가는 모습이 디귿을 닮았고, 젓가락이 놓인 모습이 시옷을 닮아서 받침이 달라졌다고 이야기합니다. 물론 웃자고 한 이야기이고, 기억하기 좋으라고 한 이야기일 것입니다. 하지만 이는 달리 말해서 두 어휘의 받침 구별이 쉽지 않음을 보여주는 이야기라고 할 수 있습니다.

두 단어의 맞춤법을 잘 구별하는 사람도 정작 이유를 설명하기란 쉬운 일이 아닙니다. 비슷해 보이는 단어가 전혀 다른 방식으로 표기될 때 혼동을 느낄 수밖에 없습니다. 비슷한 단어가 다르게 표기될 때는 보통 어원과 관련이 있습니다. 숟가락과 젓가락은 '가락'이라는 점에서는 같습니다. 문제는 수와 저에 있습니다. 저에는 시옷이 있기 때문에 사이시옷이라고 볼 수 있습니다. 반면 수에는 디귿이 있어서 사이시옷이 아님은 분명하지요. 그럼 왜 디귿이 나타났을까요? 수수께끼의 실마리를 디귿의 문제부터 풀어볼까요?

숟가락의 다른 말에는 무엇이 있을까요? 숟가락의 다른 표현이 남아 있는 곳은 바로 수량 의존명사입니다. 수량을 세는 단위명사는 어원을 찾을 수 있는 보물창고가 되기도 합니다. 수를 셀 때는 원래 명사를 그대로 쓰기도 하고 다른 공통적인 단위를 쓰기도 합니다. 예를 들어 숟가락을 한 숟가락이라고 표현하기도 하고, 한 개라고 표현하기도 합니다. 그런데 흥미로운 것은 바로 숟가락에만 쓰는 단위명사가 있다는 것입니다.

단위명사는 어원의 실마리가 되기도 합니다. 나무에는 그루, 꽃에는 송이, 동물에는 마리가 쓰입니다. 왜 나무만 그루라고 할까요? 왜 동물은 마리라고 할까요? 동물을 마리라고 하는 것은 '머리'의 옛말과 관계가 있습니다. 마리가 머리의 옛말이었기 때문입니다. 나이를 세는 '살'도 옛날에는 설날과 관련이 있었습니다. 포기와 풀, 나절과 낮, 줌과 주먹 등 얼핏 보기에도 연관성이 보이는 경우도 많습니다.

숟가락에서는 그 단위명사가 바로 '술'입니다. '한 술 뜨다'라는 표현에서 술은 숟가락을 의미합니다. 따라서 숟가락은 수에 디귿이 붙은 것이 아니라 술이 '숟'으로 변했다는 점을 알 수 있습니다.

ᕯᕯᕯ

반면에 젓가락의 저箸는 한자어입니다. 따라서 젓가락은 '저+가락'의 구성입니다. 한자어와 순우리말 사이에서 뒷말이 된소리가 되면 사이시옷을 쓰는 조건입니다. 당연히 사이시옷을 써야 하는 자리입니다. 숟가락과는 구성 방식이 전혀 다르지요. 젓가락은 우리가 보통 알고 있는 사이시옷의 문제이니 숟가락이 술과 관련이 있다는 것만 정확히 기억하면 될 것 같습니다.

그럼 수저라는 말은 무엇일까요? 우선 여기에서도 술이 수로 변한 것으로 보입니다. 리을이 탈락되는 현상은 우리말에서 흔한 현상이기 때문입니다. 하지만 단정 짓기는 쉽지 않습니다. 왜냐하면 '시저匙箸'라는 한자어가 있기 때문입니다. 여기에서 '시'는 숟가락의 의미입니다. 따라서 수저는 시저에서 변한 말일 수도 있습니다. 어원을 파악하기 어려운 어휘라고 할 수 있겠습니다.

한편 수저라는 말이 숟가락, 젓가락을 합친 말인데도 숟가락의 의미로만 사용되는 경우가 많은 것도 흥미롭습니다. 아마도 숟가락을 수저의 대표로 생각하는 태도가 반영된 듯합니다. 숟가락을 젓가락보다 중요하게 생각한 우리의 사고와도 관련이 있어 보입니다. 이렇게 '숟가락, 젓가락, 수저'라는 어휘 속에도 궁금증이 한가득입니다.

숟가락과 젓가락

숟가락	단위명사 술이 숟으로 변함
젓가락	저箸 + 가락(사이시옷)
수저	숟가락과 젓가락을 합친 말

예전에
먹었었다

대학을 다니면서 글쓰기 공부를 할 때 자주 보던 책 중에 이오덕 선생의 《우리글 바로 쓰기》(1989)라는 책이 있습니다. 참 좋은 책입니다. 이 책에서는 특히 한자어, 일본 말, 서양 말의 홍수 속에서 망가진 우리말을 통렬하게 설명해놓았습니다. 여러 번 읽으면서 반성했던 기억이 있습니다. 지금도 글을 쓸 때면 이오덕 선생의 말씀을 떠올리곤 합니다. 워낙 우리말 속에 외래의 요소가 많이 들어와 있어서 지금 쓰는 글에도 틀린 부분이 있을까 두렵기도 합니다.

어휘가 아니라 문법의 차원에서 영향을 받은 것은 고치기가 쉽지 않습니다. 눈에도 잘 안 띄고 그냥 우리말 표현인 줄 아는 경우가 많기 때문입니다. 예를 들어 서양에서 들어온 어휘라면 서양 말인 줄 금방 알아차릴 수 있겠지요. 그러면 조심하는 것도 가능합니다. 그런데 문법적인 표현이라면 알기가 어렵습니다.

서양 말에서 들어온 대표적인 표현이 '먹었었다'에 들어 있는 '-었었'입니다. 당연히 우리말에는 이런 표현이 없었습니다. 다른 서양 말은 주로 일본을 거쳐서 들어왔습니다. 그런데 이 과거 완료 같은 표현은 직접 들어온 것이라 할 수 있습니다.

처음에 우리말 표현에 '-었었/았었'이 등장했을 때는 무척이나 어색했을 것입니다. 이상한 말을 한다고 혼도 났겠지요. 제가 어릴 때도 이런 표현은 쓰지 말라고 교육도 많이 받았습니다. 처음에 이런 표현을 쓴 사람은 주로 영어를 할 수 있는 사람이었을 것입니다. 말은 지식인이 망가뜨리는 경우가 많습니다. 번역 말투, 글투는 당연히 외국어를 아는 지식인이 퍼뜨린 것입니다.

이런 번역 말투의 글이 자꾸 반복되면 당연히 우리말 표현이라고 생각하게 됩니다. 그리고 어느 정도 기간이 지나면 그 나름대로의 의미를 지니게 됩니다. 이제 와서 고친다는 것이 참 어렵습니다. 외래 표현을 무조건 없애야 하는지 아니면 받아들여야 하는지도 고민이 되는 부분입니다. 저는 외래 표현을 무조건 없애자는 의견은 아닙니다. 바꾸기가 어렵다면 알고는 써야 한다고 생각합니다.

'-었었/았었'은 분명히 우리말 표현이 아니므로 되도록 사용하지 않았으면 합니다. 외래 표현은 다른 말로 바꾸기가 정말 어색한 경우를 제외하고는 가능하면 사용하지 않는 것이 좋습니다. 일단 자신이 쓴 글에 '었었'이 있으면 '었'을 하나 없애보세요. 그렇게 했을 때 말이 되면 '었'을 삭제하면 됩니다. 대부분은 없애도 문제가 없습니다. 오히려 '었'을 하나만 쓰는 게 자연스러울 수도 있습니다.

그런데 '먹었었다'와 같이 '먹었다'와는 느낌이 달라졌을 때는 고민이 필요합니다. '어제 떡볶이를 먹었다'와 '예전에는 동지에 팥죽을 먹었었다'는 왠지 차이가 있는 것 같습니다. '먹었었다'가 더 옛날의 느낌이지요. 이럴 때는 앞에서 이야기한 것처럼 '었'을 하나 생략합니다. '예전에는 동지에 팥죽을 먹었다'라고 해서 별 차이가 없으면 이렇게 쓰면 됩니다. 굳이 더 옛날의 느낌을 살리고 싶다면 '먹은 일이 있었다'나 '먹은 바가 있었다' 정도로 바꿔 쓸 수도 있습니다.

1994년으로 기억하는데 우리글과 관련한 모임이 있었습니다.

이오덕 선생이 발표를 하셨고, 제가 토론을 했습니다. 토론이라고는 했지만 질문을 많이 했던 기억입니다. 글을 쓸 때마다 그때 기억이 새롭습니다. 우리말을 더욱 잘 알고 올바르게 쓰는 노력을 해야겠습니다.

우리말 표현이 아닌 '-었었/-았었'

예전에는 동지에 팥죽을 먹었었다.
　　　　　　　　　　　먹었다, 먹은 일이 있었다

어제 친구를 만났었다.
　　　만났다

띄어쓰기와
붙여 쓰기

예전에 학생들을 가르칠 때 학부모와 상담을 하면 아이들이 띄어쓰기와 맞춤법을 너무 틀린다고 걱정하는 경우를 봤습니다. 제가 우리나라 맞춤법이 쉽지 않아서 그렇다고 이야기하면 고개를 갸우뚱합니다. 사실은 저도 가끔 틀린다고 말하면 더 깜짝 놀랍니다. 아마 선생이 할 말은 아니라는 의미겠지요.

그러면 제가 '띄어쓰기, 붙여쓰기, 띄어쓰다, 붙여쓰다' 중에서 어떤 게 맞느냐고 문제를 냅니다. 당시에 맞힌 분이 별로 없었던 걸로 기억합니다. 그만큼 띄어쓰기는 어렵습니다. 그제야 학부모도 제 의견에 동조를 합니다.

띄어쓰기와 맞춤법에서 재미있는 것은 띄어쓰기의 띄어쓰기와 맞춤법의 맞춤법이 쉽지 않다는 점입니다. 띄어쓰기라는 단어를 띄어 쓰는 사람이 많고, 맞춤법이라는 단어를 '마춤법'이라고 쓰는 사람도 많습니다. 우리말의 띄어쓰기와 맞춤법이 어려운 게 맞지 않나요?

띄어쓰기라는 단어를 띄어 쓴 사람에게 왜 띄어 써야 하느냐고 물으면 두 단어이기 때문이라는 답이 나옵니다. 어떤 사람은 보조용언 아니냐고 답하기도 합니다. 이 정도 설명하는 사람은 띄어쓰기와 어문 규정에 대해서 꽤 아는 분입니다.

₩

우리말 띄어쓰기의 원칙은 매우 간단합니다. 단어와 단어는 띄어 쓰고, 조사는 앞말에 붙여 쓰면 됩니다. 그런데 왜 띄어쓰기가 복잡해졌을까요? 그것은 바로 하나로 굳어진 단어는 붙여 써야 하기 때문입니다. 그래서 '띄어쓰기'라는 단어는 붙여 써야 하는 것입니다.

띄어쓰기는 단어를 띄어 쓰거나 붙여 쓰는 어문 규정을 일컫는 말입니다. 그런데 앞에서 계속 보았겠지만 '띄어 쓰다'와 '붙여 쓰다, 붙여 쓰기'는 모두 띄어 써야 합니다. 왜냐하면 한 단어로 굳어 있지 않기 때문이지요.

띄어쓰기의 원칙을 살펴보면 대부분 띄어 쓰는 것을 원칙으로 하고 붙여 쓰는 것을 일부 허용하고 있습니다. 먹어 보다, 먹어보다 등이 대표적인 예입니다. 허용의 이유를 생각해보면 모두 띄어 쓰는 게 보기에도 좋지 않고 낭비 같다는 생각이 들기 때문인 것 같습니다. 보조용언이나 고유명사 등은 붙여 쓰는 경우가 많습니다.

띄어쓰기를 하지 않으면 읽기가 매우 복잡하지 않을까 생각하겠지만 꼭 그런 것은 아닙니다. 북한의 띄어쓰기는 우리보다 훨씬 적습니다. 붙여 쓰는 경우가 많다는 의미입니다. 일본어는 아예 띄어쓰기를 하지 않습니다. 우리도 옛말을 보면 띄어쓰기가 없었습니다. 띄어 쓰는 게 좋다는 것도 선입견일 수 있습니다.

단어와 단어를 띄어 쓰는 게 원칙이지만 앞으로는 붙여 쓰는 게 폭넓게 허용되지 않을까 하는 생각도 듭니다. 북한과 어문 규정을 통일하게 된다면 띄어쓰기의 문제는 심각하게 논의되어야 할 것입니다. 현재 띄어쓰기를 틀리는 사람이 너무 많기 때문에 붙이는 쪽으로 일부 조정할 필요가 있지 않을까 하는 역발상을 해보았습니다.

위에서 이야기한 붙여 쓰기의 경우도 다시 살펴보니 국립국어원 홈페이지의 표준국어대사전에 이제 한 단어로 올라가 있습니다. 아마도 띄어쓰기라는 단어와 비교해 틀리는 사람이 많았기 때문이 아닐까 합니다. 원리로 보면 '붙여 쓰기'라고 띄어 써야 하지만 어문 규정은 사람들의 습관이나 요구를 반영하고 있습니다. 띄어쓰기도 좀 편하게 사용할 수 있게 변하고 있습니다. 띄어쓰기를 잘 모를 때는 표준국어대사전에 한 단어로 올라가 있는지 검색해보는 습관도 필요합니다.

띄어쓰기와 붙여 쓰기

띄어쓰기/띄어 쓰다/붙여 쓰기/붙여 쓰다

'띄어쓰기'만 한 단어여서 붙여 써야 한다

최근에는 '붙여쓰기'도 한 단어로 쓰는 경향이 있다

표준어에서
'버림'

표준어 규정을 보면 '삼고'와 '버림' 이란 말이 자주 등장합니다. 표준어 사정 원칙을 밝힌 것으로 어떤 것을 표준어로 삼고, 어떤 것을 표준어에서 버렸는지를 보여줍니다. '취하고'와 '버림'이라는 말도 자주 등장하는데 좀 차이가 있습니다.

취하고와 버림은 비슷한 표기 중에 하나를 선택하는 것이라면 삼고와 버림은 비슷한 단어 중에 하나를 표준어로 삼는다는 의미입니다. 표기법이야 혼동이 되니까 하나를 버릴 필요가 있지만 서로 다른 단어라면 살려 쓸 수 있는 것은 살려 쓰는 게 좋지 않을까 합니다.

삼고와 버림의 기준은 주로 생명력과 관계가 있습니다. 어떤 게 많이 쓰이면 살려두고, 어떤 게 적게 쓰이면 버린다는 의미입니다. 대부분의 설명은 납득할 만합니다. '버림'에 해당하는 어휘는 잘 들어보지 않은 어휘이거나 어색한 어휘입니다. 그런데 어떤 원칙은 좀 불편한 마음이 듭니다. 바로 22항의 원칙입니다.

22항은 고유어 계열의 단어가 생명력을 잃고 그에 해당하는 한자어 계열의 단어가 널리 쓰이면 한자어 계열의 단어를 표준어로 삼는다는 원칙입니다. 물론 반대의 원칙도 있습니다. 21항이 바로 그 경우입니다. 고유어 계열의 단어가 널리 쓰이고 그에 대응하는 한자어 계열의 단어가 용도를 잃게 되면 고유어 계열의 단어만을 표준어로 삼는다는 원칙입니다. 고유어 계열이나 한자어 계열이나 똑같은 단어가 아니냐고 할 수도 있겠지만 외래 요소와의 경쟁에서 고유어가 밀려나는 것은 좀 마음이 안 좋습니다. 우리 것을 잃어버리는 느낌이라고나 할까요.

고유어를 표준어로 삼은 예를 살펴보도록 하겠습니다. 까막눈은 한자어계로 '맹눈'이었습니다. 맹盲이 한자어였습니다. 용케 까막눈이 살아남았네요. 잔돈은 '잔전'이라는 말로도 쓰였습니다. 전錢이 한자어네요. 비슷하게 푼돈도 '푼전'이라는 말과 경쟁해서 살아남았습니다. 현재 '맹눈, 잔전, 푼전'은 당연히 표준어가 아닙니다.

***

반면에 고유어가 사라지고 한자어계가 살아남은 단어도 있습니다. 저는 이런 어휘들은 고유어로 살려 쓰면 어떨까 하는 생각을 합니다. 한자어나 외래어를 순우리말로 바꾸려는 노력도 하는데, 기왕에 있었던 어휘를 버릴 이유는 없지 않을까 싶은 것입니다. 또한 다시 바꾼다면 그때 버렸던 어휘 중에서 찾아 쓰면 좋을 듯합니다.

한자어 계열과의 경쟁에서 사라진 어휘를 살펴볼까요. 겸상에 밀려서 '맞상'이 사라졌습니다. '맞'이라는 표현이 '마주, 맞다, 마중' 등에 남아 있으므로 살려 쓰면 어떨까 합니다. 단벌에 밀려서 '홑벌'도 사라졌습니다. 부항단지에 밀려서 '뜸단지' 역시 사라졌습니다. 부항과 뜸의 의미는 차이가 있어 나누어 써도 좋지 않았을까 하는 생각도 해봅니다.

양파의 경우는 어떤 말이 사라졌을까요? 사라진 말은 '둥근파'였습니다. 살려볼 만하지 않나요? 윤달은 '군달'이 있었고, 칫솔은 '잇솔'이 있었습니다. 모두 그냥 버리기에는 아까운 단어인 것 같습니다. 한자어 계열의 단어는 몰라도 고유어 계열의 단어

는 지금이라도 적극적으로 살려보면 어떨까 합니다. 버려진 말
'맞상, 둥근파, 군달, 잇솔'을 기억해보세요.

삼고와 버림

고유어를 살리고 한자어를 버리다

까막눈(맹눈), 잔돈(잔전), 푼돈(푼전)

한자어를 살리고 고유어를 버리다

겸상(맞상), 단벌(홑벌), 양파(둥근파), 부항단지(뜸단지)

마침표와
쉼표

우리는 흔히 마침표를 온점이라고 합니다. 쉼표는 반점이라고 하고요. 이건 사실 가로쓰기에서 사용하는 용어입니다. 옆으로 글을 쓸 때와 아래로 글을 쓸 때를 구별한 것입니다. 요즘에는 세로쓰기를 잘 하지 않기 때문에 쓸 일은 많지 않지만 세로쓰기에서는 마침표를 고리점(。)이라고 하여 다른 모양으로 씁니다. 쉼표는 세로쓰기에서 모점(、)이라고 합니다. 혹시라도 세로로 쓸 일이 있으면 참고가 되기를 바랍니다.

글을 쓸 때 마침표와 쉼표를 틀리는 경우는 많지 않은 것 같습니다. 아마도 문장을 마치면 마침표를 하고, 호흡이 가빠지면 쉼표를 사용하기 때문이겠지요. 특별히 틀리지는 않지만 주의해야할 점과 마침과 쉼에 관한 이야기를 해볼까 합니다. 문장부호에 관한 이야기지만 우리 인생에서도 마치는 것과 쉬는 것은 언제나 중요한 이야기가 아닐까요.

먼저 마침표에 대해 이야기해보겠습니다. 마침표는 표제어나 표어에는 쓰지 않는다는 점을 기억해야 합니다. 제목이나 표어에도 마침표를 찍는 경우를 보게 되는데 이는 틀린 문장부호 사용입니다. 표제어나 표어는 하나의 문장으로 보는 것이 아니라 독립된 표현으로 보기 때문이 아닐까 합니다.

반대로 의문형 어미로 끝나더라도 마침표를 찍기도 합니다. 정확히 말하면 마침표를 사용하는 것을 허용해주는 것입니다. 의문형 어미로 끝나는 문장이라도 의문의 정도가 약할 때는 물음표 대신 마침표를 쓸 수도 있습니다. 물론 물음표를 써도 됩니다. 보통은 대답을 원하지 않는 물음에 마침표를 쓰는 것 같습니다. 스스로에게 묻는 말에도 꼭 물음표를 할 필요는 없겠지요. 어문 규정에서는 '이 일을 도대체 어쩌란 말이냐.'의 예를 들고 있습니다.

쉼표는 문장의 호흡이 지나치게 길어지거나 구별의 필요성이 있을 때 사용합니다. 문장이 대구를 이룰 때도 사용합니다. 일반적으로 틀리는 경우를 몇 가지 살펴보겠습니다. 규정을 보면 부르는 말이나 대답하는 말 뒤에 쉼표를 쓴다고 되어 있습니다. 따라서 '예'나 '아니요' 다음에는 쉼표를 써야 합니다. 가끔 마침표를 쓰는 사람을 보는데, '예, 좋습니다.'와 같이 써야 합니다.

가장 많이 혼동하는 경우는 접속어 다음에 쉼표를 쓰는 것입니다. 일반적으로 접속어에는 쉼표를 쓰지 않는 것이 원칙입니다. 따라서 '그러나, 그러므로, 그리고, 그런데' 등 뒤에는 쉼표를 쓰지 않아야 합니다. 학생들의 글을 보면 접속어 뒤에 쉼표를 쓴 예를 자주 발견합니다. 주의해야 하겠습니다.

마침표와 쉼표는 문장부호이지만 생각할 점도 줍니다. 글을 쓸 때 문장이 길어지면 좋지 않습니다. 우리글의 문장은 영어의 문장과는 달리 긴 문장을 선호하지 않습니다. 영어는 대명사나 인칭이 발달하여 호응이 쉬운 편입니다. 우리글에서는 문장이 길어지면 주어나 서술어의 호응이 잘 이루어지지 않습니다.

저는 대학을 다닐 때 황순원 선생님과 서정범 선생님께 글 쓰는 법을 배웠습니다. 두 분 모두 글을 간결하게 쓰시는 분입니다. 저도 글을 간결하게 쓰려고 노력합니다. 문장이 길어지면 읽는 사람도 숨이 찹니다. 가능하면 짧게 쓰고 마침표를 찍으세요. 호흡이 길어지면 중간 중간에 쉼표도 찍어야 합니다. 쉬어가면서 힘들지 않게 글을 쓰는 것도 좋은 글쓰기의 시작이라는 점을 잊지 않기 바랍니다. 우리가 사는 것도 마찬가지입니다.

마침표와 쉼표 쓰기

마침표 표제어나 표어에 쓰지 않는다

쉼표 예, 아니요 다음에 쓴다

그리고, 그런데 등의 접속어 뒤에는 쓰지 않는다

'-에 있어서'는 피해야

우리가 글을 쓸 때 어떤 말은 어색하지만 익숙해져서 그냥 쓰게 되는 예들이 있습니다. 분명 우리식 표현이 아닌데도 다른 사람도 자주 쓰기 때문에 나도 쓰고 있는 것이지요. 하지만 그런 표현은 가능하면 안 쓰는 게 좋습니다. 다른 사람이 많이 쓴다고 나도 쓸 이유는 없습니다.

가장 대표적인 것이 '-에 있어서'라는 표현입니다. 이 표현은 일본어를 번역한 말투입니다. 이처럼 우리말 표현에 일본어 번역 투가 많이 들어와 있습니다. 일제 강점기에 우리글 사용이 금지되고 일본어를 국어로 배우면서 이런 현상은 폭넓게 일어났을 것입니다. 그래서인지 일본어 번역 투의 글은 지식인의 글에 훨씬 많이 나타납니다. 일본에서 들어온 생활 어휘가 일반 백성에게 많이 쓰였다면, 번역 말투나 일본식 한자 어휘는 지식층에 많이 남아 있다고 할 수 있습니다.

우리 생활 속에 남아 있는 일본어 어휘의 잔재는 이제 거의 사라졌습니다. 쓰메끼리, 와리바시, 벤또, 다꽝 등을 사용하는 사람은 거의 없지요. 일부 나이 드신 분이 무의식적으로 사용하기는 하지만 이제 곧 사라지게 될 것입니다. 물론 국가에서 정책적으로 없애려 노력한 결과이기도 합니다. 제가 어릴 때는 대부분의 사람이 일본어 어휘를 그냥 사용했습니다. 하지만 학교에서 일본어 어휘 사용을 금지시키는 등 노력을 한 결과 사라지게 된 것이지요. 농담이지만 일본어 어휘를 쓰면 친일파 취급을 받기도 했습니다.

하지만 번역 말투는 쉽게 사라지지 않았습니다. 그때 번역 말투도 함께 신경을 썼다면 지금 우리의 국어 생활은 많이 달라졌을 것입니다. '-의'를 지나치게 사용하는 것도 일본어의 영향입니다.

지난여름에 저는 일본에 가서 일본어를 배웠습니다. 일본어에

는 우리말 '의'에 해당하는 '노の'가 무수히 쓰입니다. 오죽하면 일본어로 흉내를 낼 때 조사처럼 '노'를 붙일까요. 예전에 한 코미디언이 일본어로 흉내를 낼 때 '우리노 사람이노 술이노 마실 때노'라고 하기도 했습니다.

'의'를 무조건 쓰지 말자는 것은 아닙니다. 아마 의를 쓰지 않고는 문장을 표현하기 힘든 경우도 많을 것입니다. 단지 지나치게 쓰는 것은 피하자는 말입니다. 조금만 신경 쓰면 줄일 수 있습니다. 특히 로서의, 로써의, 에서의, 부터의, 에의, 에로의 등과 같이 조사 뒤에 쓸 때는 더욱 주의를 기울여야 합니다. 의를 빼고도 자연스럽다면 무조건 삭제하는 게 좋습니다. 의를 뺐을 때 어색하면 나머지 문장을 살짝 바꿔보는 것도 방법입니다.

앞에서 이야기한 '-에 있어서' '-에게 있어서'는 왠지 논리적인 표현으로 생각하는 경향이 있습니다. 아마도 지식인의 말투이기도 하고, 논문의 말투이기도 해서인 것 같습니다. 하지만 분명한 일본어 말투이고 우리말에서도 어색한 표현입니다. 꼭 필요한 경우가 아니면 쓰지 않는 게 좋겠습니다. '사람에게 있어서는'이라는 표현은 '사람에게는'이라고 하는 게 더 자연스럽습니다. 그 밖에도 '있어서'를 빼면 훨씬 부드러운 문장이 되는 예들이 많습니다.

이렇게 이야기하고 있지만 저도 종종 '-에 있어서'라는 표현을 씁니다. 버릇이 참 무섭지요. 앞에서 말한 '의'도 가끔 쓰기도 합니다. 어휘가 아니라 문법 표현이기 때문에 무의식적으로 그러는 것 같습니다. 그래서 더욱 주의가 필요한 것이겠지요. 글을 쓸 때 조금만 주의를 기울이면 문장이 달라집니다.

일본어 번역 투의 말

-에 있어서	-에게 있어서	-의
-로서의	-에서의	-에의

'부르다'에서
'불리워지다'까지

예전의 책을 읽어보면 우리글 표현에 피동 표현이 많지 않았습니다. 그런데 최근의 글을 보면 피동 표현이 정말 많이 나타납니다. 아마도 일본어나 영어를 번역하면서 생긴 현상이 아닐까 생각합니다. 번역은 많은 부분에서 우리말 표현을 바꾸어버렸습니다. 모두 고칠 수는 없겠지만 조심하면서 사용하려는 노력은 해야 할 것 같습니다.

요즘 글을 읽다보면 피동 중에서도 지나친 피동 표현을 발견하게 됩니다. 피동 표현이 다 문제는 아니지만 지나치게 사용하는 것은 문제가 있습니다. 주로 일본어의 영향을 받아서 피동 표현을 지나치게 사용하는 경우가 많습니다. 따라서 피동 표현을 사용할 때는 조심해야 하고, 가능하면 다른 표현으로 바꾸는 것이 좋습니다.

제가 볼 때 가장 이상한 피동 표현은 '불리워지다'입니다. 이런 말이 쓰이는 것 자체가 신기하다는 생각도 듭니다. 이 말은 '부르다, 불리다, 불리우다, 불리워지다'로 바뀐 말입니다. '불려지다'라고 표현하기도 하지요. 하지만 대부분은 '부르다'로 써도 큰 문제가 없습니다. 오히려 훨씬 자연스럽습니다. 예를 들어 '그 동네에는 흉가라고 불리워지는 버려진 집이 있다'라고 표현하는 사람이 있습니다. 이 표현은 간단히 '흉가라고 부르는 버려진 집이 있다'라고 하면 됩니다.

그런데 사람들은 이 표현을 꼬아서 피동으로 만듭니다. '흉가라고 불리는, 흉가라고 불리우는, 흉가라고 불리워지는'으로 점점 이상한 표현이 되고 맙니다. '불리는'이라는 표현도 지나친 피동인 경우가 많습니다. 가능하면 피해야 하는 표현입니다. 그런데 '불리워지는'까지 쓰는 것은 너무하다는 생각이 들었습니다.

'불리워지다'에 붙은 '지다'도 지나친 피동 표현의 주범입니다. '되다/되어지다'가 대표적입니다. 피동 표현 뒤에 다시 '지다'를 붙일 필요가 없는데 또 붙이는 오류를 범한 것입니다. '불리다'도 피동인데, '불려지다'나 '불리워지다'로 표현했다는 의미입니다. '연구되다'도 가능하면 '연구하다'로 바꾸는 게 우리말다운 표현입니다만 '되다'로 쓰는 것은 가능하다고 봅니다.

하지만 '연구되어지다'로 표현하는 것은 좀 심한 피동이 됩니다. '되어지다'라는 말이 나오면 '되다'로 바꾸어보세요. 대부분 별 문제없이 바꿀 수 있습니다. 지나친 피동을 사용하는 버릇을 바꿀 필요가 있습니다.

꽃

한편 '지다'는 아무 동사에나 붙이는 경향이 있습니다. '만들다'를 '만들어지다'로, '열리다'를 '열려지다'와 같이 쓰는 경우가 많습니다. 대부분은 만들다, 열리다로도 충분합니다. '예쁘게 만들어지지 않은 그릇'은 '예쁘게 만들지 않은 그릇'으로, '열려지지 않는 문'은 '열리지 않는 문'으로 써도 충분합니다. 지나친 피동 표현의 예는 이오덕 선생의 《우리글 바로 쓰기》를 읽어보시기를 권합니다. 1989년에 나온 책이어서 지금과는 다른 당시 사회의 생생한 예문이 들어 있습니다. 뜻밖의 즐거운 추억이 될 수도 있습니다.

저도 제 글을 읽으면서 다시 고치는 경우가 많습니다. 아마도 가장 많이 고치는 게 어색한 피동 표현이 아닐까 싶습니다. 늘 조심스럽지만 자연스레 지나친 피동을 사용하고 맙니다. 저도 계속 조심하겠습니다.

지나친 피동 표현

불리워지다, 불려지다, 불리우다, 불리다 → 부르다

-되어지다 → -되다

열려지지 않는 문 → 열리지 않는 문

주스 주세요

우리말 표기법에서 어려운 것 중의 하나는 바로 외래어 표기법입니다. 어떤 사람은 외래어 표기가 원어 현지 발음과 맞지 않는다고 지적하기도 하지만, 외래어는 근본적으로 한국어라는 점을 잊어서는 안 됩니다.

오렌지의 발음이 현지어와 많이 다르다고 지적하기도 하는데, 오렌지는 영어가 아니라 한국어 외래어이기 때문에 영어처럼 표기할 필요성이 적습니다. 특히 한국어에서 발음이 구별되지 않는 음운이 있는데, 이런 경우에 외래어 표기를 하는 게 쉬운 일이 아닙니다. 물론 가능하면 외래어를 현지어 발음과 비슷하게 표기하고 사용한다면 더 좋겠다는 생각은 듭니다. 굳이 전혀 다른 발음으로 사용할 필요는 없으니까요.

어떤 사람은 외래어 표기법과 로마자 표기법을 혼동하기도 하는데 이는 전혀 다른 말입니다. 로마자 표기법은 우리말을 로마자로 표기할 때 어떻게 할 것인가에 대한 문제이지요. 부산이라는 도시를 로마자로 표기할 때 Pusan이라고 할지 Busan이라고 할지 결정하는 게 로마자 표기법입니다.

로마자 표기법도 시대에 따라 변화했고, 많은 논쟁이 있었습니다. 왜냐하면 우리말을 로마자로 표기했을 때 외국 사람들이 정확하게 읽지 못하는 경우가 많았기 때문입니다. 앞에서 말한 부산의 로마자 표기도 그래서 문제가 되었습니다. 물론 이 논의에도 한계가 있습니다.

로마자 표기를 읽는 방법도 언어권마다 다르기 때문에 아무리 우리가 노력하여 표기법을 만들어놓아도 제대로 읽지 못하는 경우가 많습니다. 그렇다고 한국에 오는 외국인들에게 한국어의 로마자 표기법을 일일이 가르칠 수도 없는 노릇입니다.

외래어 표기법 중 많이 틀리는 어휘로는 '주스/쥬스, 초콜릿/쵸콜릿, 텔레비전/텔레비젼' 등이 있습니다. 틀리는 이유로는 영어 발음의 영향을 들 수 있습니다. 예전에는 오히려 잘 틀리지 않았는데, 영어 발음 공부를 많이 한 요즘에 더 틀리는 표현이 된 것입니다. 왜냐하면 영어 발음처럼 하다보면 '쥬, 쵸, 젼'이 원어에 더 가깝게 느껴지기 때문입니다. 그래서인지 외래어의 발음 자체를 영어처럼 하려고 혀를 굴리는 경향도 나타납니다.

다시 말하지만 외래어를 영어처럼 발음하는 게 오히려 문제입니다. 영어로 말할 때는 당연히 발음에 신경을 써서 더 원어민처럼 발음해야 하지만 한국어로 말할 때는 외래어는 한국어 발음 체계 내에서 발음하는 게 맞습니다. 당연히 한국어에 없는 /r/, /f/, /v/, /z/ 같은 발음을 군이 원어 발음처럼 할 필요가 없다는 의미입니다.

그럼 우리는 왜 '주스'와 '쥬스'를 헷갈릴까요? 그리고 왜 한국어 맞춤법에서는 주스를 맞는 것으로 정했을까요? 맞춤법은 표기를 아는 것도 중요하지만 정한 이유를 알아야 잊지 않고 기억할 수 있습니다. 우선 간단하게 설명하면 한국어의 지읒, 치읓 다음에는 이중모음이 발음되지 않는 특성 때문입니다. 즉 쟈, 져, 죠, 쥬는 한국어에서 잘 발음할 수 없는 표기입니다. 챠, 쳐, 쵸, 츄도 마찬가지입니다.

한국어에서 져나 죠, 쳐가 쓰이는 예들도 있는데 이것은 모두 줄임말인 경우라고 할 수 있습니다. 예를 들어 '가져'는 '가지어'가 '가져'가 되었기 때문에 그 모양을 보여주기 위한 표기입니다. '가죠'는 '가지요'를 줄여서 쓴 것입니다. '쳐들어가다'도 '치어'가 줄어들었기에 이를 표시한 것이라고 할 수 있습니다. 사실 발음으로 본다면 저와 져, 조와 죠, 처와 쳐를 구별하기란 쉬운 일이 아닙니다. 한번 구별하여 발음해보세요. 가저와 가져를 구별하여 발음하려고 하면 '져'를 부자연스럽게 굴리게 됩니다.

꽃

이러한 이유로 한국어의 외래어 표기법에는 아예 지읒과 치읓 다음에 '야, 여, 요, 유'를 쓰지 않기로 결정한 것입니다. 외국의 지명을 표기할 때도 이 원칙은 적용됩니다. 미국의 뉴저지는 뉴져지가 아닙니다. 미국의 죠지아 주도 조지아 주로 써야 합니다.

저는 세계의 한글학교 선생님들에게 강의를 많이 하는 편입니다. 한글학교 방문도 많이 합니다. 그런데 어떤 학교에 가면 학교 이름 표기가 잘못되어 있는 경우가 있습니다. 지명을 틀립니다. 아마 그 지역에서는 '쟈, 져, 죠, 챠, 쳐, 쵸'가 자연스러운 발음이기 때문에 틀리는 것 같습니다. 그래도 조심해야 하겠습니다. 학교 이름이 틀리면 신뢰가 떨어질 수 있습니다.

사람 이름도 마찬가지입니다. 존, 제임스, 찰스, 제인, 줄리엣 등으로 써야 합니다. 이런 원칙을 기억하기 위해서 '주스 주세요'를 외워두면 편리합니다. 주스는 '주'라고 해야 한다는 원칙을 기억하는 방법입니다.

ㅈ, ㅊ 다음에 야, 여, 요, 유는 쓰지 않는다

주스(O)	초콜릿(O)	텔레비전(O)	조지아(O)
쥬스(×)	쵸콜릿(×)	텔레비젼(×)	죠지아(×)

뉴욕
커피숍에서

'뉴욕의 커피숍'이라는 표현을 보면 약간 낭만적이라는 느낌이 들 수도 있겠네요. 햇볕 좋은 날에 뉴욕 맨해튼 거리를 걷다가 테라스가 멋진 커피숍에 들어가 차를 마시는 모습을 상상해보면 낭만적이라는 생각도 듭니다. 하지만 이제부터 좀 딱딱한 이야기를 하려고 합니다. 바로 외래어의 받침 표기에 관한 내용입니다.

외래어 표기법에서 우리를 괴롭히는 것 중 하나는 바로 받침 표기입니다. 스펠링을 잘 알면 알수록 오히려 받침을 많이 틀립니다. 설명도 논리적이지만 틀리게 하는 경우도 많습니다. 예를 들어 앞에서 언급한 커피숍을 커피숖으로 쓰는 경우입니다. 어떤 사람은 발음에 충실하여 커피샵으로 쓰기도 합니다. 둘 다 틀린 표기입니다. 우리말에서 외래어의 받침은 일곱 개만 쓸 수 있습니다. ㄱ, ㄴ, ㄹ, ㅁ, ㅂ, ㅅ, ㅇ만 받침에 쓸 수 있습니다. 따라서 ㅍ 받침을 쓴 '숖'은 틀린 표기입니다.

아마 영어를 잘하는 사람은 질문을 할 것입니다. 스펠링이 P로 끝나는데 왜 ㅍ이 아니라 ㅂ으로 쓰느냐고. 논리적이지 않다는 말도 덧붙일 것입니다. 이런 질문에 효과적으로 대답할 수 없다면 맞춤법을 안다고 말하기 어렵습니다. 맞춤법은 맞고 틀리는 것을 구별하는 능력뿐만 아니라 왜 그렇게 쓰는지 설명하는 능력도 필요합니다. 선생님이라면 더욱 '왜'라는 질문에 답해야 합니다.

왜 일곱 개만 쓸까요? 보통 설명을 할 때 받침에서 소리 나는 대로 일곱 개만 쓴 것이라고 이야기하는 경우도 있는데 금방 한계에 부딪히게 됩니다. 일곱 개에 왜 디귿이 아니라 시옷이 포함되느냐는 질문을 받게 될 테니까요. 분명히 발음을 해보면 디귿으로 나지 않나요? 받침의 발음이 시옷으로 나는 경우도 있나요? 이런 이유 때문에 슈퍼마켓을 '슈퍼마켙'이나 '슈퍼마켄'으로 틀리게 쓰기도 합니다. 스펠링으로는 티읕이 맞고 발음으로는 디귿이 맞는다고 생각해서 생기는 문제입니다.

❀

외래어의 받침을 일곱 개만 쓰는 이유는 한국어의 받침 법칙과 관련이 있습니다. 앞에서 언급한 것처럼 일곱 개만 발음되기 때문입니다. 디귿을 안 쓰고 시옷을 쓰는 이유는 뒤에 조사가 붙는 경우를 생각해서입니다. 뒤에 모음으로 시작하는 조사가 올 때의 발음을 생각해보면 외래어의 받침 표기법이 쉽게 이해될 것입니다. [슈퍼마케테] 가거나 [슈퍼마케데] 가는 사람은 없습니다. [슈퍼마케세] 간다고 발음해야 합니다. 따라서 디귿이나 티읕이 아니라 시옷을 써야 하는 것입니다. 사실 외래어의 받침 표기는 정확하게 발음 방법에 의거해 결정된 것이라고 할 수 있습니다.

만약 외래어 받침이 뒤에 나오는 모음과 연음되어 발음될 때 본래의 발음이 나온다면 표기법은 달라졌을 것입니다. 예를 들어 '커피숍을'을 [커피쇼플]로 발음한다면 '커피숖'이라고 썼어야 한다는 말입니다. 하지만 우리나라 사람 중에 커피쇼플이라고 발음하는 사람은 없습니다. 아무리 영어를 잘하는 사람도 [커피쇼블]로 발음합니다. 뉴욕도 마찬가지입니다. 만약 '뉴욕에'를 [뉴요케]라고 발음한다면 '뉴욬'이라고 써야 할 것입니다. 하지만 이렇게 발음하는 사람은 없습니다. 가끔 보기도 하는데 이는 어설프게 한국어를 배운 외국인이나 교포들이 하는 실수입니다. [뉴요케서 커피쇼플 갔는데]라고 발음하면 아마 한국인이라고 생각하지 않을 것입니다.

외래어의 받침 표기는 매우 논리적입니다. 한국인의 발음을 그대로 반영하고 있습니다. 그래서 뒤에 오는 모음과 연이어 발음을 해보면 쉽게 받침을 쓸 수 있습니다. 컵, 포스트잇, 로봇이 맞습니다. 지명도 마찬가지입니다. 코네티컷이라고 써야 합니다. 외래어 받침 표기의 수수께끼가 풀렸기를 바랍니다.

우리말 외래어 받침 일곱 개

ㄱ, ㄴ, ㄹ, ㅁ, ㅂ, ㅅ, ㅇ만 쓴다

슈퍼마켓(O)	커피숍(O)	뉴욕(O)	포스트잇(O)
슈퍼마켙(×)	커피숖(×)	뉴욬(×)	포스트잍(×)

'보다 높이'가 아니라
'더 높이'

올림픽은 전 세계인의 축제입니다. 올림픽 경기가 시작되면 올림픽 표어도 자주 듣게 됩니다. 올림픽이 처음 시작될 때부터 쓰인 것이니 역사도 긴 편입니다. 올림픽 표어는 '보다 빠르게, 보다 높게, 보다 강하게Citius, Altius, Fortius'입니다. 이 말은 라틴어를 번역한 것이라고 합니다. 이 표어를 볼 때마다 가슴이 뛰는 것을 느낍니다. 스포츠는 자신의 한계를 넘는 일입니다. 더 강해져야 한계를 넘을 수 있을 것입니다. 건강한 신체에 건강한 마음도 깃드는 법입니다. 그런데 이 번역이 과연 우리말 표현에 맞는지에 대해서는 고민이 필요합니다.

우리말에서 어떤 단어의 품사가 바뀌는 현상이 있습니다. 이는 아주 자연스러운 현상이라고 할 수 있을 정도로 흔한 일입니다. 그런데 조사가 부사로 쓰이는 경우가 있어서 주목됩니다. 여기에 해당하는 말이 바로 '보다'입니다. '보다'는 좀 특이한 표현입니다. '너보다'라고 할 때는 조사인데, '보다 높이'라고 할 때는 부사로 쓰이기 때문입니다. 이렇게 조사가 부사로 쓰이는 경우는 거의 없습니다. 공부가 필요한 부분이라고 할 수 있습니다. 왜 이런 현상이 벌어졌을까요?

그런데 우리말에서 특이한 현상이라는 것에서 중요한 점을 발견하게 됩니다. 우리말 표현이 아니라는 점입니다. '보다'를 부사로 쓰는 것은 일본어식 표현입니다. 대표적인 일본어식 표현이라고 할 수 있습니다. 일본어식 표현을 무조건 나쁘다고 할 수는 없겠지만 알고는 있어야 하지 않을까 합니다. 그리고 가능하면 고치려는 태도도 필요하다고 봅니다.

일본어에서 조사 '보다'에 해당하는 말은 'より*yori*'입니다. 이 말이 부사로 '더욱'이라는 의미로 사용됩니다. 그것을 우리말로 그대로 번역했기 때문에 이런 일이 생긴 것입니다. 고민이 없었던 것이지요.

한동안 우리나라는 일본어의 잔재를 없애려고 무척이나 노력했습니다. 일제 강점기의 흔적이 남아 있는 게 기분 좋지 않았을 것입니다. 제가 어릴 때만 해도 벤또(도시락), 빠께스(양동이), 스레빠(슬리퍼), 와리바시(나무젓가락), 쓰메끼리(손톱깎이), 소데나시(민소매) 등의 단어들이 무분별하게 사용되었습니다.

이제 그런 말들은 역사 속으로 사라졌습니다. 아직 가끔 쓰는 사람이 있지만 오히려 웃음거리가 되기도 합니다. 물론 당구 용어나 인쇄 용어, 건설 현장의 언어 중에는 아직도 일본어의 잔재가 많이 남아 있습니다. 이것도 점점 사라질 것이라 기대합니다.

정작 문제는 일본어 단어가 아니라 문장 표현에 있습니다. 앞에서 얘기한 지나친 피동을 사용하거나 '의' '-에의' 같은 일본어식 표현이 남발되는 것도 문제입니다. 어떤 경우에는 일본어식, 영어식 번역 표현이 너무 굳어져서 고치기도 쉽지 않습니다. '죽임을 당하다' '-하지 않으면 안 된다' 등의 표현이 여기에 해당합니다. 저는 모두 사용하지 말자고 주장하려는 게 아닙니다. 다만 이런 표현이 일본어식 표현이라는 것은 알아야 한다는 의미입니다.

특히 '보다'는 조금만 노력하면 고칠 수 있습니다. 일본어를 번역하면서 생긴 말투일 텐데, '보다'를 부사로 쓰고 싶을 때마다 '더'나 '더욱'을 떠올리면 좋겠습니다. 요즘에는 '보다 더'라는 표현을 쓰기도 하는데, 이것도 그냥 '더'로 표현하면 좋겠습니다. 더 나은 언어생활, 더 아름다운 우리말 표현을 위해서 말입니다. 우리 모두 더 노력해야 하겠습니다.

'보다'의 표현

너보다(조사)　　　보다 높이(부사)

　　　　　　　　　부사 '보다'는 일본어식 표현

　　　　　　　　　이왕이면 더 높이, 더욱 높이로!

훈민정음 창제 당시의 한글 자음 이름

 현재 한글 자음의 이름은 '기역, 니은, 디귿, 리을, 미음, 비읍, 시옷, 이응' 등입니다. 북한에서는 '기윽, 니은, 디읃, 리을, 미음, 비읍, 시읏, 이응' 등으로 쓰고 있습니다. 남한과 북한의 이름이 세 개나 다릅니다. 그럼 훈민정음訓民正音 창제 당시에는 어땠을까요? 남한과 같았을까요, 아니면 북한과 같았을까요? 그것도 아니라면 전혀 다른 모습이었을까요?

훈민정음 창제 당시의 한글 자모 이름을 정확히 아는 사람이 없습니다. 모음의 이름도 없지만, 이는 별로 궁금증을 불러일으키지 않습니다. 왜냐하면 한글 모음의 경우는 소리 나는 대로가 글자의 이름이 되기 때문이지요. '아, 야, 어, 여, 오, 요, 우, 유, 으,

이'가 그대로 이름이 되는 것입니다.

한편 자음의 경우는 홀로 소리가 날 수 없기 때문에 별도로 이름을 만들 수밖에 없습니다. 그런데 훈민정음에는 자음의 이름이 나타나지 않습니다. 그럼 당시에는 자음의 이름을 부르지 않았을까요? 그렇지는 않았을 것입니다. 이름을 부르지 않고 자음을 쓸 방법이 없습니다. 그렇다면 어떻게 읽었을까요? 그 수수께끼를 풀어보기로 합시다.

훈민정음에 보면 'ㄱ눈 엄쏘리'라는 표현이 나옵니다. 여기에 대부분의 힌트가 담겨 있습니다. 'ㄱ'을 어떻게 읽었을지 알려주는 단서는 우선 두 개를 찾을 수 있습니다. 첫 번째는 '-눈'이 ㄴ으로 시작한다는 점입니다. 이것은 현대어 '-는'에서도 마찬가지인데 앞의 말이 받침이 없다는 증거가 됩니다. '의자는'과 '책상은'을 보면 알 수 있습니다. 받침이 있었다면 '-은'이 되었어야 합니다. 따라서 훈민정음 창제 당시 ㄱ의 이름은 '가, 거, 고, 구, 그, 기' 중의 하나일 수밖에 없습니다. '갸, 교, 규'는 발음의 복잡성에 비추어볼 때 이름이었을 가능성이 희박합니다.

두 번째는 아래아가 쓰였다는 점입니다. 우리말은 모음조화가 가장 중요한 음운 현상이라고 할 수 있습니다. 우리말의 가장 중요한 특징이기도 하지요. 모음조화는 중세국어에서 현재보다 훨씬 엄격하게 지켜졌습니다. 그런데 아래아가 바로 양성모음의 대표입니다. 따라서 최소한 ㄱ의 이름은 모음조화 현상에 비추어볼 때 음성모음일 가능성이 없습니다. '거, 구, 그'는 가능성이 없게 됩니다.

이제 남은 가능성은 '가와 고', 그리고 '기'입니다. '가와 고'는 양성모음이고 받침이 없다는 점에서 가장 가능성이 높아 보입니다. 반면에 '기'는 중성모음이기 때문에 받침은 없지만 비교적 가능성이 낮아 보입니다. 하지만 '기'가 답이 아니라는 말은 아닙니다. 'ㅣ' 모음 뒤에도 아래아가 오는 경우도 많습니다. 따라서 '기'가 답이 될 가능성은 여전히 남아 있습니다. 즉 세 가지 모두 자음의 이름이 되기에 문제가 있는 것은 아니라는 말입니다. 여기에서 가장 답이 될 가능성이 높은 것을 고르라면 뜻밖에도 '기'입니다. 왜 그럴까요?

그 이유는 다시 한글 자모의 이름이 처음 등장한 최세진의 《훈몽자회訓蒙字會》에서 실마리를 찾을 수 있습니다. 《훈몽자회》에서는 '지, 치, 키, 티, 피, 히'는 이름이 단순히 1음절로 되어 있습니다. 그리고 여기에 쓰인 모음은 바로 'ㅣ'입니다. 최세진 선생이 갑자기 'ㅣ' 모음 1음절어를 자음의 이름으로 사용하지는 않았을 것으로 봅니다. 이는 오히려 관습적인 것이었을 가능성이 높다는 뜻입니다. 기역, 니은, 디귿, 리을, 미음, 비읍, 시옷, 이응에서도 첫 음절을 'ㅣ' 모음으로 사용하는 것은 ㄱ을 기로 읽었을 가능성을 높여줍니다. 아마도 양성도 음성도 아닌 음을 이름으로 삼아 조화를 이루려고 한 것이 아닌가 하는 생각이 듭니다.

세종대왕이 훈민정음을 만들고 자음의 이름을 써놓지 않은 점은 많은 궁금증을 일으킵니다. 후세의 학자들에게 수수께끼로 남겨둔 것이 아닌가 싶습니다. 사실은 이 밖에도 다양한 수수께끼를 남겨두었습니다. 국어학자들의 즐거운 고민이 많아집니다.

기역, 디귿, 시옷

우리말 맞춤법이 어렵다는 말을 많이 하는데 그 말이 맞습니다. 아니, 어떤 언어가 문자의 이름부터 어려울까요? 한국인 중에도 한글 자모의 이름을 틀리는 경우가 무수히 많습니다. 자모의 이름부터 틀리니 우리말 맞춤법은 시작부터 어려울 수밖에 없겠지요. 한글 자모의 이름을 처음부터 순서대로 한번 써보면 얼마나 복잡한지 알게 될 것입니다.

우선 한글 자모의 이름이 왜 현재와 같이 되었는지를 알아볼 필요가 있습니다. 세종대왕이 훈민정음을 창제했을 당시에는 한글 자모의 이름이 없었습니다. 정확하게 말하면 어떻게 불렸는지를 알지 못합니다. 분명히 이름은 있었을 것입니다. 그러지 않고는 자모를 설명할 수가 없기 때문입니다.

　한글 자모의 이름이 처음 나온 것은 최세진 선생의 《훈몽자회》라는 책입니다. 최세진 선생은 역관이었습니다. 그래서 한글을 가르치는 책보다는 한자를 가르치는 학습서에 관심이 있었습니다. 《훈몽자회》도 아이들에게 가르칠 한자를 모아놓았다는 의미를 갖고 있습니다. 기존의 천자문 등의 문제를 극복한 획기적인 학습서라는 평가를 받기도 합니다.

　그런데 한자를 가르칠 때 심각한 문제가 나타났습니다. 그것은 바로 필기를 할 수 없다는 점이었습니다. 예를 들어 이 글자가 하늘 천이라고 가르치면 학생들은 따라 읽을 뿐 받아 쓸 수가 없었던 것입니다. 하늘 천이라고 쓸 방법이 없었던 것이지요. 문장의 경우는 더 심각했습니다. 《논어》의 구절을 훈장이 해석해 주었을 때 이를 필기할 방법이 없었습니다. 당연히 복습은 불가능했습니다. 전부 외우는 길밖에 방법이 없었지요.

　필기를 할 수 없었기 때문에 해석을 위한 시험 방법도 단순했습니다. 정확히 해석하고 있는지 구두시험을 보는 방법밖에 없었던 것입니다. 그래서 한 권의 책을 끝낼 때는 한 권을 모두 암송해야 했습니다. 의외로 좋은 학습 방법이 되기도 했습니다.

　최세진 선생은 이런 문제점을 파악하고 《훈몽자회》의 앞부분에 한글을 먼저 가르치는 방법을 택했습니다. 그래서 이 책에 한 글의 이름이 등장하게 된 것입니다. 한글은 문자를 모르는 사람 에게도 도움이 되었지만 한문 학습에도 큰 도움을 주었습니다. 지금도 중국에서는 자기 문자인 한자를 배울 때 알파벳을 먼저 배워야 합니다. 그렇지 않으면 필기를 할 수 없기 때문입니다. 그래서 중국에서 한자보다 먼저 배우는 것이 놀랍게도 알파벳 입니다.

최세진 선생이 한글 자모의 이름을 기록한 것이 독창적인 아 이디어였는지에 대해서는 확실치 않습니다. 아무래도 혼자만의 생각이라기보다는 기존의 관례를 따르지 않았을까 추측이 됩니 다. 그런데 한글 자모의 이름은 무엇으로 써야 했을까요? 한글을 몰랐기 때문에 다시 한자로 설명을 쓸 수밖에 없었습니다. 그래 서 한자에 없는 소리는 한글의 이름에 쓸 수가 없었습니다. 대표 적인 것이 '윽, 읃, 읏'이었습니다. 당시에 받침에 소리가 나지 않 는 한글 자모는 이름을 '지, 치, 키, 티, 피, 히'로만 사용했기 때문 에 '윽, 읃, 읏' 세 개만 문제가 되었습니다. '은隱, 을乙, 음音, 읍邑, 응凝'은 한자가 있었기 때문에 전혀 문제가 없었습니다.

이렇게 해서 생긴 이름이 기역, 니은, 디귿, 리을, 미음, 비읍, 시옷, 이응입니다. 윽은 비슷한 발음의 한자 역役으로 바꾸었고,

'읒, 옷'은 비슷한 발음의 한자마저 없어서 뜻을 가져다 썼습니다. '읒'은 당시에 끝을 나타내던 단어 귿(末)으로, '옷'은 옷(衣)으로 대신 썼습니다. 지읒, 치읓, 키읔, 티읕, 피읖, 히읗은 나중에 생긴 이름이어서 한자의 발음을 빌려오지 않아도 되었던 것입니다.

받침의 자음은 모두 원래의 자음을 써야 합니다. 즉 키읔의 받침은 키읔을 써야 하는 것입니다. '키윽'이라고 하면 안 됩니다. 티읕도 '티귿'이 아닙니다. 물론 히읗도 '히응'이라고 하면 안 됩니다.

한글은 자모의 모습만 봐도 감정이 느껴집니다. 세종대왕이 거기까지 염두에 두셨나 싶은 마음이 있지만 아무튼 모음이나 자음의 모습을 보면 웃음이 납니다. 요즘 캘리그라피를 하는 분들을 보면 한글의 이런 특징을 잘 살리고 있습니다. 꽃이라고 쓰면 꽃처럼 보이고 슬픔이라고 쓰면 눈물이 날 것 같습니다. 한글에 묻어 있는 다양한 감정에 감탄하게 될 때가 많습니다.

요즘은 긴 편지보다는 문자로 대화를 나누곤 합니다. 문자는 감정을 드러내기가 어렵습니다. 특히 공감을 나타내기가 어려울 때가 많습니다. 그럴 때 한글 자음은 감정을 훌륭하게 나타내줍니다. 글씨그림에 쓰는 'ㅎㅎ'과 'ㅋㅋ'은 '하하'와 '큭큭, 키득키

득'을 줄인 표현입니다. 왠지 'ㅎ'은 입 벌리고 웃는 듯해서 보는 이들도 기분이 좋고, 'ㅋ'은 눈을 윙크하듯이 하며 웃는 듯 보여서 귀엽다는 생각도 듭니다. 여러분의 생각은 어떤가요? 글자에서 감정이 느껴지나요?

'ㅠ'나 'ㅜㅜ'를 보면 눈물을 흘리는 모습이 상상되어 안쓰럽기도 하고 재미있기도 합니다. 이처럼 글자의 모양이 사람의 표정을 담고 있는 것은 재미있는 일입니다. 한글이 소리문자라는 장점뿐만 아니라 그림문자의 장점까지 갖게 되리라고는 세종대왕도 미처 상상하지 못했을 것입니다. 다른 나라도 문자의 이런 특징을 활용해서 소통을 합니다만 한글의 창조성을 당해내기는 어려운 것 같습니다. 외국어를 배울 때 그 나라의 글씨그림을 배우는 것도 재미있습니다. 저도 일본어를 배울 때 일본의 글씨그림을 배운 적이 있습니다.

글자를 보며 사람의 감정을 상상해봅니다. 글자가 그림의 역할, 즉 상형문자의 역할도 하고 있습니다. 반대로 그림이 글의 역할을 하기도 합니다. 이러한 의미를 생각해본다면 이모티콘도 넓은 의미에서 '글씨그림'이라고 할 수 있습니다. 무분별한 외래어 남용을 막자는 의미에서 '글씨그림'이라는 표현을 살려서 쓰면 어떨까 하는 생각도 해봅니다.

우리말에는 의성어가 발달해서 즐거움을 줍니다. 'ㅎㅎ'는 누가 보냈는가에 따라 '하하, 호호, 허허, 헤헤, 히히'로 바뀌어 전달됩니다. 아마도 음흉한 생각(?)으로 보냈다면 '흐흐'로 느껴질 것입니다. 아이가 보냈다면 '헤헤'나 '히히'로 생각되지 않을까요? 자신은 별 생각 없이 보내지만 받는 사람은 온갖 상상을 하게 됩니다. 저는 'ㅎㅎ'를 보낼 때 '하하'라고 생각하며 보냅니다. 그런데 사람들에게 물어보니까 저는 '허허'라고 했을 거라고 생각했다고 하네요.

글씨그림뿐만 아니라 부호 역시 다양한 감정을 담고 있습니다. 길게 늘여 이야기하는 경우라면 글자 뒤에 '~'를 덧붙이면 됩니다. 그럼 장음의 표시, 길게 늘인 말투의 느낌이 듬뿍 담기게 되지요. 기존의 한글 표기에서는 거의 상상하기 어려웠던 표기입니다.

'?'와 '??'는 느낌이 전혀 다릅니다. '?'는 단순한 물음이라면 '??'는 억양이 느껴집니다. '정말 그런가요?' 하는 의구심도 감지됩니다. 직선적으로 묻는다는 느낌도 적습니다. 문자를 보낼 때 무례한 느낌을 덜어내기 위해서 '??'를 쓰기도 합니다. 'ᄊ'은 보기만 해도 웃는 모습이 떠올라 즐겁습니다. 진땀을 흘리며 당황하는 모습도 표현할 수 있습니다. 그런데 종종 이모티콘을 어떻게 써야 할 줄 몰라 당황하는 경우도 있습니다. 이모티콘의 사용에서 이미 세대 차이가 느껴집니다. 저 역시 어떤 이모티콘은 요즘 사람들은 잘 안 쓴다는 말을 듣고 계속 공부해야겠다는 생각도 들었습니다.

어떤 국어학자는 글씨그림의 문제를 지적하기도 합니다. 연령 차이에 따라 소통의 문제도 있고, 무분별한 사용은 국어를 황폐화할 수도 있다는 것입니다. 하지만 글에 감정을 담고 싶어 하는 젊은 계층의 욕구는 자연스레 더 많은 이모티콘으로 진화하게 될 것입니다. 이미 많은 문자나 채팅방에서 감정을 나타내는 그림들이 팔리고 공유되고 있습니다. 글자와 기호의 범위를 넘어서서 재미있는 만화로도 발전하고 있는 것이지요. 저도 가끔 삽니다. 선물을 받기도 하고, 선물하기도 합니다.

구어와 문어의 가장 큰 차이점은 감정의 전달에 있습니다. 사실 글을 쓰면서 가장 곤란한 것은 내 감정이 고스란히 전달이 안 된다는 것입니다. 슬픔인지 기쁨인지, 웃음인지 눈물인지 감정을 담기가 무척 어렵습니다. 그런데 글씨그림은 이러한 우리의 감정을 예쁘게 전달해주는 역할을 할 것입니다. 글씨그림들이 다양한 모습으로 발전하기를 바랍니다.

2장

알면 알수록 신기한
문법과 비유법 이야기

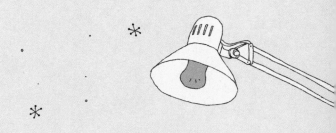

문법이나 비유법에 '법'이라는 단어가 들어 있어서 그런지 미리 어려울 거라고 겁을 내는 것 같습니다. 하지만 문법은 우리가 일상적으로 하는 말의 법칙입니다. 문법을 공부하는 것은 이 얽혀 있는 말의 법칙을 찾는 것이어서 때로는 수수께끼를 푸는 즐거움을 맛보기도 합니다. 그런데 이제까지 가르치는 사람들이 문법을 지나치게 어렵게 설명해서 우리가 문법을 멀리하게 된 것 같습니다.

비유법은 우리가 하는 말의 표현입니다. 어려운 것이 아니라서 어린아이도 다양한 비유법을 사용합니다. 무엇을 과장해서 말하고, 축소해서 말하고, 비유해서 말합니다. 사람이 아닌 것을 사람으로 비유하기도 하고, 무생물을 생물처럼 이야기하기도 합니다. 이것은 아주 자연스러운 표현입니다. 비유법을 공부하면서 내가 하는 표현을 더 재미있고 효과적으로 표현하는 방법을 배우게 됩니다. 사실 문법도 비유법도 즐거운 공부입니다.

의태어의
비밀

의성어와 의태어는 어떤 말일까요? 의성어는 소리를 나타내는 말입니다. 그래서 어떤 소리와 긴밀한 관계를 갖습니다. 소리와 최대한 비슷하게 표현하는 것입니다. 우리는 의성어를 보면서 원래 소리와의 연관성을 생각해봅니다. 동물의 소리가 대표적이지요. 야옹, 멍멍, 꼬끼오는 각 동물의 소리를 닮아 있습니다. 철썩거리는 파도 소리, 짝짝짝 박수 소리도 소리를 잘 묘사한 것 같습니다.

하지만 가끔은 고개를 갸우뚱거리기도 합니다. 소리와 의성어가 덜 닮은 느낌이 들기 때문입니다. 기러기는 '기럭기럭' 하나요? 그렇지 않습니다. 어떤 말은 의태어인지 의성어인지 구별이 잘 되지 않습니다. '통통 튀다'는 의성어인가요, 의태어인가요? '펄럭'은 어떤가요?

✂

우리는 의태어와 구체명사의 관계에 대해서는 생각해보지 않습니다. 그 이유는 단순하게 말해서 연관성이 없다고 생각하기 때문입니다. '출렁'과 연관 있는 말은 무엇인가요? '살금'과 연관 있는 말은 무엇인가요? 연관되는 단어가 보이지 않는다면 의태어의 어원에 대해서 고민해볼 이유가 없는 것이지요. 하지만 어떤 의태어는 연관성이 명확해 보입니다. 그중 몇 가지를 살펴보겠습니다.

'팔팔'은 힘이 '팔팔하다'라고 할 때 주로 쓰는 의태 표현인데, 이것은 두 팔과 관련이 있습니다. 보통 자신이 아직 건재하다는 것을 나타낼 때는 두 팔을 들어 힘을 주기도 합니다. 알통을 보이면서 자신의 힘을 나타내는 것이지요. '팔팔'의 핵심은 팔이라고 할 수 있습니다. '발발거리다'는 발과 관련됩니다. '발발이'는 발을 빠르게 움직이면서 돌아다니는 것을 말합니다. 개 중에도 발바리가 있습니다. 이런 모습을 빗대어 사람에게도 발발거리고 돌아다닌다는 말을 합니다. '턱턱'은 숨과 관련하여 씁니다. 숨이 턱턱 막힌다는 말은 숨이 턱까지 찬다는 말과 관련이 있습니다.

턱을 손으로 잡아보면 금방 그 느낌을 알 수 있습니다.

　이렇게 의태어는 구체적인 상황과 관련을 맺습니다. 유아어 중에 '코하고 자다'라는 표현이 있는데, 이 말은 가벼이 코를 골며 자는 모습을 보여줍니다. 우연의 일치가 아니냐고 할 수도 있겠네요. 하지만 의태어가 구체적인 상황과 연관되는 것은 어찌 보면 당연하지 않을까요?

ᵗᵗᵗ

　'쑥쑥'이란 말을 들으면 무엇이 생각나나요? 쑥이 자라는 모습을 상상해보세요. '쑥대밭이 되었다'고도 하는데, 이는 며칠만 돌아보지 않으면 엉망이 되는 모습을 묘사한 것입니다. '죽죽 자란다'에서 '죽'은 대나무竹가 연상됩니다. 비 온 뒤 대나무는 몰라보게 빨리 자랍니다. 의태어가 한자어와 관련이 있을까 하는 의문이 들 수 있습니다. 하지만 '발을 동동 구르다'의 경우에 '동동動動'도 한자로 볼 수 있습니다.

　'줄줄'의 경우는 어떤가요? 줄줄은 '줄'과의 관련성이 명확해 보입니다. 비가 줄줄 온다고 표현하는 것은 비가 내리는 모습이 줄처럼 보이기 때문입니다. 의태어도 일종의 비유인 경우가 많습니다. 논란의 여지는 있어 보이지만 '대롱'과 '대롱대롱'의 연관성도 생각해볼 수 있겠습니다. 대롱은 '가는 대나무의 토막'인데, 이게 매달려 있는 모습을 보고 비유적으로 '대롱대롱'이라고 표현했을 수 있습니다.

의태어는 구체적인 명사와 관련되는 경우가 많습니다. 잘 살펴보면 더 많은 비밀을 풀 수 있을 것입니다. 의태어와 명사 간의 연관성을 발견한다면 더 쉽고 재미있게 의태어를 공부할 수 있습니다. 주변의 의태어를 만날 때면 늘 관련된 명사를 찾고 그 연관성을 궁금해한다면 많은 수수께끼를 풀 수 있으리라 생각합니다.

의성어와 의태어

의성어	어떤 소리와 긴밀한 관련
	쩍쩍, 개굴개굴, 멍멍
의태어	구체적인 상황과 관련
	비가 줄줄 온다, 시냇물이 졸졸 흐른다

직유법의
거짓말

예전에 중학생들에게 국어를 가르친 적이 있습니다. 그때 학교에서 비유를 가르치고 배우는 모습을 보면서 뭔가 알맹이가 빠졌다는 생각을 했습니다. 공부할 때 가장 중요한 것은 왜 이것을 공부하는가에 대한 생각입니다. 그런데 직유법直喩法을 가르치는 현장을 보면 어떤 것이 직유법인지를 가르치고, 직유법이 쓰인 표현을 고르는 문제를 풀게 합니다. 이러려면 왜 직유법을 가르칠까요?

아이들은 문장에서 '마치, 흡사, 처럼, 같이, 듯이, -인 양' 등이 들어가 있는지 살피고 그것이 들어 있는 표현을 직유법으로 고릅니다. 기계적이고 주입식이지요. 선생님들도 왜 비유를 가르치고, 왜 평가하는지에 대한 인식이 적은 듯합니다. 이런 교육은 죽은 비유 교육이라고 할 수 있습니다. 그런데 아이러니하게도 아이들은 학교에서 배우는 많은 직유법의 예를 이해하지 못합니다. 그까짓 직유법은 쉬운 게 아니냐고 반문할지도 모릅니다. 그냥 고르면 되지 않느냐는 주장입니다. 아닙니다. 쉽지 않습니다. 우리 함께 생각해볼까요?

우리가 많이 드는 예로 '사과 같은 내 얼굴 예쁘기도 하지요'라는 노래가 있습니다. 여기에는 직유법이 쓰였는가 하고 묻는다면 답은 '그렇다'라고 할 수 있습니다. '같은'이라는 말을 사용하여 얼굴을 사과에 비유하고 있기 때문입니다. 하지만 저는 이렇게 가르치는 것은 죽은 비유법 강의라고 생각합니다.

저는 아이들에게 다시 물어보았습니다. 사과가 예쁜가요? 사과 같은 얼굴은 예쁜가요? 본인의 얼굴이 사과처럼 생겼다고 하면 기분이 좋을까요? 말하는 이가 정말로 사과를 예쁘다고 생각하고, 그 사과를 닮은 얼굴을 예쁘다고 생각하면 직유법은 성립합니다.

그러나 아이들 대부분은 얼굴이 사과 같다면 기분이 별로 좋지 않을 거라고 했습니다. 그렇다면 그 비유는 공감대를 형성하지 못한 것이 됩니다. '쟁반같이 둥근 달' '전봇대같이 큰 키' '호박같이 생기다' '메주같이 생기다'라는 말도 아이들에게 별로 공감대가 없습니다. 저희 집에도 둥근 쟁반은 없습니다. 아이들은 메주의 모양조차 잘 떠올리지 못하는데 어떻게 비유가 성립할까요? 개떡 같다는 말도 이해를 못합니다. 비유는 듣는 이도 같은 이미지를 떠올릴 수 있어야 합니다.

저는 직유법에 대해 가르칠 때 아이들에게 독특한 시험 문제를 내보았습니다. 직유법을 사용해서 사람이나 자연을 묘사해보라는 것이었습니다. 아이들은 처음 보는 문제 형식에 당황했지만 곧 적응하고 다양한 답을 생각해냈습니다. 저는 답을 채점하기 전에 아이들에게 정말 그렇게 생각하느냐고 물었습니다. '앵두 같은 입술'이라고 쓴 아이에게는 너는 정말 입술이 앵두 같다고 생각하느냐고 물어보았던 것입니다. 만약 그렇다고 말하면 맞는 답이고, 아니라고 대답하면 틀린 답이 됩니다.

입술이 연필 같다고 답한 아이가 있었습니다. 만약 그 답을 한 아이가 그렇게 생각하고 비유했다면 맞는 답입니다. 아니, 훌륭한 답이 될 수 있습니다. 마치 연필로 글을 쓰듯이 입술로 내 마음의 말을 표현하기 때문에 그렇게 답했을 수도 있습니다.

직유법은 엉뚱한 답이 나쁜 게 아니라 자기 생각과 맞지 않게 겉멋을 부린 답이 별로인 것입니다. 아이들에게 직유를 직접 표현해보게 가르치면 무수하게 기발한 표현이 나옵니다. 하늘도 시간에 따라, 기분에 따라, 구름에 따라 비유가 달라지지 않은가요? 개인의 경험에 따라 얼마든지 즐거운 직유법이 탄생할 수 있습니다.

저는 직유법으로 된 표현을 볼 때마다 그 생각에 동의하는지 스스로에게 묻습니다. 여러분은 양 떼 같은 구름이라고 생각하나요? 아마 우리나라 사람 중에는 구름이 양 떼 같다고 생각하는 사람은 드물 것입니다. 양 떼를 볼 일이 많지 않기 때문이지요. 자주 접하지 않는 것을 비유의 대상으로 삼기는 어렵습니다. '집이 절간 같다'는 말에 '절반이요?'라고 되묻던 아이들이 생각납니다. '절간'이라는 단어도 어렵고, 집이 절 같다는 비유도 도대체 다가오지 않았던 것입니다.

직유법을 잘 안다는 것은 단순히 시험 문제를 맞히거나 이게 직유법이라는 것을 알아차리는 것이 아닙니다. 글을 쓸 때 살아 있는 직유법을 쓸 수 있는 능력이 있어야 합니다. 말을 할 때도 마찬가지입니다. 생동감 넘치고 창의적인 비유법을 써서 글도 말도 재미있고 신선한 느낌을 줘야 합니다. 이를 위해서 다른 언어의 비유를 살펴보는 것도 도움이 될 것입니다. 언어마다 특징적인 비유가 많습니다. 직유법은 살아 있어야 합니다. 생각과 다른 거짓이나 단순한 수사법修辭法이어서는 비유에 힘이 없습니다.

살아 있어야 하는 직유법

쟁반같이 둥근 달(죽은 비유법)

호박같이 생기다(죽은 비유법)

입술이 연필 같다(살아 있는 비유법)

풍유법은
풍자

학생들은 풍유법諷諭法이 국어 시험에 나오면 한 문제 맞혔다고 생각하는 경우가 많습니다. 왜냐하면 풍유법은 속담이나 격언을 사용하기 때문에 정확하게 답을 골라낼 수가 있기 때문입니다. 쉬운 수사법이라고 할 수 있지요. 풍유법은 시험 문제 풀 때만 쉬운 것이 아닙니다. 풍유법을 활용해서 글을 쓰거나 말을 하는 것도 그리 어려운 일은 아닙니다. 우리 주변에서도 수많은 풍유법을 발견할 수 있습니다.

풍유법을 수사법으로 사용할 때는 보통 두 가지 방법으로 나누는 경우가 많은데 하나는 속담을 사용하는 것이고, 다른 하나는 격언을 활용하는 것입니다. 그런데 속담俗談은 명칭에서도 알 수 있듯이 속된 이야기, 즉 보통 사람들이 많이 사용하는 말입니다. 여기에서 속되다는 말은 저속하다는 뜻이 아니라 공식적이거나 권위적이지 않은 상황에서 많이 사용한다는 의미입니다.

그래서 속담을 가장 자유롭게 사용하는 사람은 시골의 노인들입니다. 그들의 대화를 들어보면 어쩌면 그렇게 맛깔나게 속담을 사용하는지 감탄이 나올 정도입니다. 때로는 웃음이 터져나올 만한 속담도 많습니다. 재미있는 비유가 한가득이고 적절하기가 이를 데 없습니다. 속담의 매력을 한껏 발휘하고 있는 듯합니다. '방귀 뀐 놈이 성낸다' '떡 줄 사람은 생각도 안 하는데 김칫국부터 마신다' 등의 정확한 느낌을 생각해보면 알 것입니다. 속담은 의사소통의 윤활유가 됩니다.

격언은 반대로 지식인들이 좋아하는 것 같습니다. 공공기관이나 학교에 가보면 승강기 안이나 복도 등에 격언이 붙어 있습니다. 회사나 학교에서 사원이나 학생들에게 들려주고 싶은 이야기가 있는 것입니다. 그래서 약간은 교훈을 강요한다는 느낌도 들지요. 내용도 성실함, 진실함 등이 대부분입니다. 시간을 낭비하면 안 되고, 윗사람에게 거짓을 말하면 안 된다는 등의 내용입니다. '시간은 금이다' '황금 보기를 돌같이 하라' '핑계 없는 무덤 없다' 등의 말을 우리가 기억하는 이유이기도 합니다.

이런 말을 만들어낸 사람도 대부분 지식인이나 위인偉人이라고 불리는 사람입니다. 그래서 일반적으로 격언에는 사람 이름이 적혀 있습니다. 신뢰해야 할 근거를 보여주는 것이지요. 격언은 때로 자신의 독서력을 과시하려는 느낌도 있습니다. 그래서 조심해서 사용해야 합니다.

격언의 한 종류로 많이 사용하는 것은 고사성어故事成語입니다. 고사성어는 격언보다 더 어렵습니다. 예전에 한문을 일상적으로 쓰던 시절에는 별 문제가 없었으나 한자를 쓰기도 버거운 지금 고사성어는 때로 수수께끼가 됩니다. 지탄之歎이라는 말이 들어가는 한자성어에는 풍수지탄風樹之歎, 만시지탄晩時之歎, 망양지탄亡羊之歎 등이 있습니다. 각각의 뜻을 아는가요? 그렇다면 한자 실력이 괜찮은 것입니다.

풍수지탄은 효도를 하지 못했는데 부모님이 이미 돌아가셨음을 한탄하는 것이고, 만시지탄은 시기에 늦어 기회를 놓쳐 후회하는 것이고, 망양지탄은 학문의 길에서 한 갈래의 진리도 제대로 이루기 어려움을 한탄하는 것입니다. 고사성어가 쉽지 않습니다.

또한 고사성어에는 고사故事가 함께 담겨 있는데, 고사를 기억하기도 쉽지 않습니다. 사면초가四面楚歌에 담겨 있는 이야기는 무언가요? 아래 세대로 내려갈수록 고사성어를 쓸 일이 없어지고, 그래서 점점 고사성어가 아주 어려운 단어의 대명사가 됩니다. 고사성어야말로 지식인이 좋아하는 표현이라고 할 수 있습니다. 그래서 고사성어는 때로 의사소통에 방해가 됩니다. 듣는 이가 알지 못하는 고사성어는 암호가 되거나 소통에 장애가 되는 것입니다. 대화에서는 항상 듣는 이와 눈높이를 맞추어야 합니다.

††

풍유법은 '본뜻은 숨기고 비유하는 말만으로 숨겨진 뜻을 암시하는 수사법'이라고 정의합니다. 은유법과 비슷한 점도 있지만 풍유법은 보통 문장이나 글 전체가 비유의 대상이 된다는 점에서 차이가 있습니다. 문장이 풍유법이 되는 경우는 앞에서 설명한 속담, 격언, 고사성어 사용을 들 수 있습니다. 글 전체가 풍유법이 되는 경우는 우화를 들 수 있습니다. 보통은 동식물을 사람에 비기어 인간의 삶을 풍자하는 내용을 담고 있습니다.

풍유법에는 풍자가 담겨 있다는 점도 기억해야 합니다. 당연히 내용에서 풍자를 읽으려 노력해야 합니다. 또한 풍유법에는 즐거운 해학이 담기기도 합니다. 풍유법을 비유로 사용하는 경우에는 풍자와 해학을 즐겁게 담아야 하는 것입니다. 풍유법이 쓰인 글을 읽을 때는 반대로 교훈도 귀 기울여 들어야 합니다.

속담이나 격언을 이용하는 풍유법

속담	시골 노인들이 많이 사용
	방귀 뀐 놈이 성낸다
	떡 줄 사람은 생각도 안 하는데 김칫국부터 마신다
격언	지식인들이 주로 사용
	시간은 금이다, 황금 보기를 돌같이 하라

과장법의
한계

우리 인생은 과장법誇張法의 연속입니다. 말
을 하다보면 우리가 얼마나 과장에 둘러싸여
있는지 확인할 수 있습니다. 과장법이 인생에 활
력소가 되기도 합니다. 말도 안 되는 부풀림에 깔깔대고 웃기 일
쑤입니다. 집채만 한 호랑이라고 하고, 방이 운동장만 하다고 합
니다. 반대로 방이 코딱지만 하다는 표현도 씁니다. 덩치가 산만
하다는 표현이나 눈물이 강물처럼 흐른다는 말에서 과장의 규모
는 점점 확대됩니다. 이렇듯 어처구니없는 과장 속에서 우리는
즐겁습니다.

과장법은 고정된 표현도 있지만 상황 속에서 늘 새롭게 피어

납니다. 우리는 어떻게 하면 더 과장되게 표현할까를 고민하는 사람처럼 이야기할 때마다 과장된 표현을 만들어내기도 합니다. 징그러운 벌레를 보면 크기는 한없이 과장됩니다. 벌레가 크면 얼마나 클까요? 그러나 이 벌레는 웬만한 짐승의 크기로 확대됩니다. 벌레가 코끼리만 하다는 말을 들으면서 실제 벌레의 크기가 아니라 공포의 정도를 가늠하게 됩니다.

이렇듯 과장법은 강조를 위해서 사용하는 수사법입니다. 과장은 실제 그렇다는 것이 아니라 내 감정의 크기를 보여주는 수사법이기도 합니다. 그래서 한없이 확대되기도 하고, 한없이 축소되기도 합니다. 과장법이 쓰인 표현을 자세히 보면 황당할 때가 많습니다. 우레와 같은 박수, 하해河海와 같은 은혜 등과 같은 표현에서는 실현이 불가능한 크기를 보게 됩니다. 박수 소리가 아무리 커도 천둥소리와 같을까요?

하지만 어떤 경우에는 과장법도 한계를 보입니다. 제가 이 글을 쓰는 이유는 바로 우리 표현의 한계를 말하고 싶어서입니다. 우리의 감정을 나타낼 때는 과장법으로도 다 표현할 수 없는 경우가 많습니다. 칭찬이나 찬미, 찬양에는 과장법도 턱없이 부족한 것 같습니다. 슬픔이나 고통도 과장법으로 다 표현할 수 있는 것은 아닙니다. 그렇다면 우리는 언제 과장법의 한계를 느낄까요?

종교에서 찬양은 과장법의 한계를 그대로 드러냅니다. 어찌하면 신의 은혜와 사랑을 표현할 수 있을까요? 어느 정도면 만족스러운 찬양이 될까요? 그래서 종교의 경전을 읽다보면 수많은 과장이 나오고, 이러한 과장으로도 다 표현할 수 없음을 한탄하는 부분이 나옵니다. 과장법은 지나친 듯하지만, 사실 우리의 부족함을 그대로 드러내는 최선의 방법이기도 합니다.

부모님의 사랑은 어떤가요? 자식에 대한 부모의 마음은 어떤가요? 아이들이 어릴 때 엄마, 아빠가 얼마나 좋으냐고 물어보면 '하늘만큼 땅만큼'이라고 대답합니다. '하늘만큼 땅만큼'이라는 표현은 자신이 표현할 수 있는 최대한을 의미합니다. 우주도 등장하고, 하늘 끝도 등장하지만 부모의 사랑은 표현할 길이 없습니다. 부모의 자식 사랑은 그런 것입니다. 스승의 은혜도, 친구와의 깊은 우정도 말로는 다 표현하기 어려운 크기가 있습니다.

슬픔이나 고통에 대한 표현을 볼 때면 그 감정의 크기에 마음이 아픕니다. 하늘이 무너지는 듯, 땅이 꺼지는 듯, 세상을 잃은 듯 우리는 아프고 슬픕니다. 사랑하는 사람을 잃은 괴로움, 사랑하는 사람의 병듦, 사랑하는 사람과의 이별, 사랑하는 사람이 자신 때문에 겪는 슬픔은 무엇으로도 표현하기 어려운 고통입니다. 창자가 끊어지는 것 같다고 말하고, 숨 쉴 수 없다고 표현하지만 이것으로도 턱없이 부족함을 느낍니다.

　과장법은 단순한 수사법이 아닙니다. 과장법은 내 감정을 들여다볼 수 있는 기회가 됩니다. 내가 표현할 수 없는 사랑과 고통을 확인하는 자리이기도 합니다. 부모 형제, 아들과 딸, 선생님, 연인, 아내와 남편, 친구를 떠올리면서 내 과장법에는 한계가 있음을 알게 됩니다. 과장법으로는 너무나도 부족한 내 마음을 보게 됩니다. 고마움과 아픔은 말로 표현할 수 없을 때가 훨씬 더 많습니다.

말로는 부족한 감정의 표현, 과장법

하늘만큼 땅만큼　　　하해와 같은 은혜
우레와 같은 박수　　　창자가 끊어지는 고통

아이의
활유법

자연은 살아 있습니다. 우주 만물은
살아 숨 쉽니다. 우리가 이렇게 말은 하지
만 실제로 그렇게 생각하는지는 별개의 문제인 것 같습니다. 자
연이 정말 살아 있다고 생각한다면 절대로 하지 않을 행동도 많
이 하지 않나요? 인간 위주의 삶을 살면서 마치 자연을 엄청 아
끼는 것처럼 말하는 모순이 드러나기도 합니다.

자연을 살아 있는 것으로 묘사하는 수사법이 바로 활유법입니
다. 활유법活喩法은 살아 있지 않은 대상을 살아 있는 것처럼 묘
사하는 비유법입니다. 즉 무정물無情物을 유정물有情物로 표현하
는 수사법이라고도 하고, 무생물을 동물이나 생물로 표현하는

수사법이라고도 합니다. 비슷한 수사법으로 의인법이 있는데, 이것은 사람이 아닌 것을 사람처럼 묘사한다는 점에서 차이가 있습니다.

하지만 활유법은 정의할 때 좀 애매한 구석이 있습니다. 식물을 유정물의 범주에 포함시키지 않지만 살아 있는 것으로는 보아야 하는 문제가 생기는 것입니다. 촛불이 눈물을 흘린다든지, 파도가 소리친다든지, 바위가 꿈틀거린다든지 하는 표현이 모두 활유법의 예입니다. 이상理想의 날개를 편다든지, 산천山川이 숨을 쉰다든지 하는 표현도 예가 될 수 있습니다.

❀

아이들은 활유법 사용이 무척 자연스럽습니다. 입 밖으로 나오는 표현이 거의 활유법입니다. 주변의 가구부터 시작해서 자연까지 모두 살아 있는 것으로 표현합니다. 표현한다는 말은 그렇게 생각한다는 말입니다. 어리면 어릴수록 주변의 모든 대상을 살아 있는 생명으로 느낍니다. 아이들에게는 모든 게 살아 있지 않다는 말이 더 이상할 수 있습니다.

하지만 사람들은 나이가 들면서 더 이상 활유법을 삶으로 생각하지 않고 단순히 비유법으로 봅니다. 나와 동떨어진 언어 표현이 되는 것이지요. 그래서 어떤 경우에는 활유법으로 표현하기 위해서 머리를 짜냅니다. 활유법은 아이도 할 수 있는 자연스러운 것인데 말입니다. 그러다보니 도대체 이해가 안 되는 어려운 표현이 나옵니다. 자신의 감정에 맞지 않는 꼬이고 꼬인 표현이 탄생하는 것입니다.

어린아이에게 자연은 남이 아닙니다. 자연을 단순히 인간을 위해 쓰이는 물건 정도로만 생각하는 많은 어른들의 태도와는 사뭇 다릅니다. 산을 파헤치고 물을 가두고, 땅을 함부로 바꾸는 행위를 보고 아이들은 자연을 죽인다고 생각할지 모릅니다. 많은 종교에서 아이를 귀하게 여기고, 아이로 돌아가야 한다고 말하는 것은 다 이유가 있습니다.

나무에 영혼이 있으며, 그 나무가 죽으면 자신도 죽는다고 믿었던 인디언에게는 활유법이 비유가 아니라 생활이었을 것입니다. 실제로 산에 나무를 모두 베었더니 물난리가 나서 사람들도 죽게 되었습니다. 지구 온난화, 미세먼지의 습격 등을 보면 뭐가 미신인지 헷갈립니다. 우리가 자연과 연결되어 있다고 믿는 게 미신인가요, 아니면 자연은 우리와 상관없다고 생각하는 게 잘못된 과학인가요? 자연을 망가뜨리면 우리도 망가집니다.

우리말 어휘를 보면 활유법은 일상적인 것임을 알 수 있습니다. '살다'와 '죽다'라는 단어가 쓰이는 상황을 살펴보면 생물에게만 적용되는 게 아닙니다. 심지어 우리는 머리카락도 살리고 죽이지 않나요? 종종 시간도 죽입니다. 죽은 분위기도 살려야 하고, 청년들의 기氣도 살려야 합니다. '가다'와 '오다' 또한 생물이 아니어도 얼마든지 쓸 수 있습니다. 시간도 오고 가고, 비도 옵니다. 기차도 달리고, 책상도 다리가 있습니다.

수많은 활유법이 사실은 나와 세상이 다르지 않다는 생각, 연결되어 있다는 생각, 둘이 아니라 하나라는 생각에서 출발합니다. 활유법을 보면서 세상에 대한 나의 태도를 다시 생각해봅니다. 우리는 이 세상이 정말 살아 있다고 생각하나요?

자연을 살아 있는 것으로 묘사하는 활유법

촛불이 눈물을 흘리다　　파도가 소리치다
바위가 꿈틀거리다　　산천이 숨을 쉬다

완곡어법의
매력

자신의 속마음을 숨김없이 말하는 사람들이 있습니다. 설령 그 말에 다른 사람이 상처를 입든 말든 말입니다. 이럴 때 우리는 말이 '직설적'이라는 표현을 합니다. 직설적이라는 말은 돌려 말하지 않는다는 의미이지요. 때로는 직설적인 것이 논리적인 것처럼 보이고 분명한 것처럼 보이기도 합니다. 하지만 직설적인 말의 태도가 상대에게 심한 상처를 남기고 나에게는 두고두고 후회를 남기기도 합니다. 말은 잘 사용하면 예술이 되지만 함부로 생각 없이 사용하면 흉기가 됩니다. 직설적인 말의 표현은 위험할 때가 많습니다.

어느 언어든 말의 표현을 직접적으로 하지 않으려고 수단을 마련합니다. 가장 강력한 수단은 금기어나 기휘어忌諱語 등을 가려서 사용하지 않는 방법을 택하는 것입니다. 아예 그런 말을 사용하지 못하게 막는 것이지요. 하지만 우리가 생활하다보면 그 말을 쓸 수밖에 없는 상황에 맞닥뜨립니다. 이때는 어쩔 수 없이 사용하는데 직접 이야기하지 않고 돌려서 이야기하는 방법을 택합니다. 이것을 완곡어법이라고 합니다.

완곡어법婉曲語法은 말의 표현을 부드럽게 바꾸어 이야기하는 수사법입니다. 보통은 수사법의 차원보다는 어휘 표현의 차원에서 다루어집니다. 상대방에게 불쾌감이나 상처를 주지 않기 위해서 직접적으로 말하지 않고 돌려 말하는 표현 방법이라고 할 수 있습니다.

우리가 표현하기 꺼리는 말은 완곡하게 말하는 대상이 됩니다. 가장 대표적인 말로는 '죽다'가 있습니다. 죽었다고 말하기가 너무 거칠고 마음이 아파서 돌아가셨다고 표현합니다. 먼 길을 떠났다든지, 눈을 감았다든지, 영원히 잠들었다든지 하는 표현을 씁니다. 세상을 떠났다는 표현도 마찬가지입니다. 아마 완곡한 표현이 가장 많이 쓰이는 상황이 아닐까 합니다.

완곡어는 이와 같이 금기와 관련이 깊습니다. 한 언어 사회에는 금기시되는 표현들이 있습니다. 입 밖으로 내기 어려운 말들은 피하게 됩니다. 어떤 말들을 피하고 싶은가요? 많은 언어에서 성적인 신체 부위나 행위는 대부분 금기어가 됩니다. 직접적으로 표현하지 않으려고 하는 것이지요. '거기, 거시기' 등과 같이 불분명한 대명사 표현을 쓰는 이유이기도 합니다.

또한 더러운 것이 연상되는 경우도 일단 피합니다. 화장실과 관련된 어휘들은 대부분 완곡하게 표현합니다. 사실 '화장실'이라는 말도 완곡 표현의 산물이지요. 예전에는 뒷간이나 측간과 같이 위치로 표현하기도 했습니다. 영어를 비롯한 다른 언어에서도 마찬가지입니다. '쉬는 곳, 손을 씻는 곳, 위생적인 곳' 등으로 에둘러 표현합니다. 그중에서 가장 멋진 표현은 절에서 화장실을 지칭하는 '해우소解憂所'가 아닐까 합니다. 근심 걱정을 덜어내는 곳이라니, 얼마나 멋들어진가요?

⚶

사람의 외모를 표현할 때도 완곡어법이 사용됩니다. 어떤 말이 상대를 기분 나쁘게 할 수 있다면 조심해야겠지요. 저는 완곡어법에서 배려와 관심을 봅니다. 뚱뚱한 것이 나쁜 것은 아니지만 이런 말이 상대를 기분 나쁘게 할 수 있다면 조심해야 합니다. '말랐다, 키가 작다, 까맣다, 하얗다, 곱슬머리다' 등 사람의 외모를 묘사하는 많은 표현이 듣는 이에 따라서는 매우 기분 나쁠 수 있습니다.

우리는 보통 살찐 사람에게는 뚱뚱하다는 말 대신에 '복스럽다, 건강해 보인다'는 표현을 씁니다. 이런 사람의 성격을 이야기할 때는 '여유가 있어 보인다, 편해 보인다' 등의 말을 합니다. 키가 작은 사람에게는 야무지다는 말을 합니다. 단단해 보인다는 말도 하지요. 피부 색깔도 칭찬이 될 수 있습니다. 외모에 대한 사람들의 태도도 세월과 관점에 따라 변해왔습니다. 누구에게 아부하기 위해서가 아니라 세상을 아름답게 만들기 위해서 완곡어법을 사용하면 어떨까요?

완곡어는 더러운 것과 타인에게 상처를 주는 것을 피하려는 태도에서 시작되었습니다. 사람과의 관계를 아름답게 만드는 표현이기도 합니다.

언어에는 수많은 금기가 있습니다. 금기라고 정해져 있지는 않더라도 듣는 사람이 기분 나빠하면 금기어나 마찬가지입니다. 친구에게도, 가족에게도, 사랑하는 사람에게도 하면 안 되는 표현이 있습니다. 굳이 표현해야 한다면 돌려서 부드럽게 표현하는 것이 좋습니다.

우리는 완곡어를 사용하면서 상대가 기분 나쁠 일을 줄이고, 서로에게 줄 상처를 줄이기도 합니다. 물론 그래도 상대가 기분 나빠 한다면 아예 표현하지 말아야겠지요. 완곡어법은 관심과 배려, 칭찬을 위한 것입니다. 오늘은 글보다 말로 설명했으면 더 좋았을 것 같다는 생각이 듭니다. 완곡어법은 글쓰기도 참 어렵습니다.

표현을 부드럽게 바꾸는 완곡어법

입 밖으로 내기 어려운 금기와 관련이 깊다

죽다 → 돌아가시다, 눈을 감다, 영원히 잠들다

화장실 → 쉬는 곳, 손을 씻는 곳, 해우소

공감각적
표현

　사람과 사람 사이의 거리는 아주 가까울
수도 있지만, 세상에서 가장 멀 수도 있습니다.
특히 소통이 되지 않는 사람 사이의 거리는 형제자매도 부모자
식도 갈라놓을 수 있습니다.

　그런데 의사소통은 말로만 하는 게 아닙니다. 최초의 의사소
통은 말이나 글이 아니라 우리의 감각기관을 통해 이루어집니
다. 우리는 이러한 의사소통을 신체 언어라고 하고, 비언어적 커
뮤니케이션이라고 합니다. 신체 언어로 하는 의사소통이 전체
의사소통에서 70퍼센트 이상을 차지한다고 하니 그 중요성은 매
우 크다 할 수 있겠습니다.

눈빛만큼 내 생각을 표현하는 강력한 방법이 있을까요? 부드
럽고 사랑스러운 눈빛부터 째려보고 노려보는 것처럼 눈 주위의
근육을 모으고 힘을 주는 의사소통도 있습니다. 슬픈 눈은 눈빛
뿐만 아니라 눈물까지 더해서 효과를 극대화합니다. 시각은 색
이나 빛깔과도 연결되어 소통을 합니다. 좋아하는 색, 더 좋아하
는 빛에 대한 관심과 로망이 생깁니다. 물론 싫은 색도 있고, 끔
찍한 색도 있을 것입니다.

냄새는 일반적으로 인간의 의도적인 의사소통 방법으로는 보
이지 않습니다. 스컹크는 일부러 냄새를 풍겨서 적을 쫓지만 인
간은 의도하지 않았는데도 사람을 쫓기도 합니다. 예를 들어 냄
새나는 사람 주변에는 사람이 없습니다. 슬슬 피합니다. 며칠만
이도 안 닦고 안 씻어보면 알게 될 것입니다. 반대로 냄새가 의
도적인 의사소통일 때는 사람을 불러모을 때입니다. 양치를 하
고, 목욕을 하고, 화장품을 바르고, 향수를 뿌리는 행위는 모두
후각적인 의사소통과 관련이 있습니다.

맛이 의사소통의 도구가 되기는 어렵습니다. 입맞춤 정도가
맛을 느끼는 의사소통이라고 할 수 있을까요? 물론 입맞춤에서
맛을 느낀다면 말입니다. 입맞춤을 할 때 맛을 느낄 여유조차

없었다면 미각에 의한 의사소통이라고 하기는 어렵지 않을까 합니다.

반면 맛은 다른 종류의 의사소통의 기회를 줍니다. 음식을 준비하고 함께 맛있게 먹는 의사소통은 소중합니다. 다른 것은 기억이 나지 않는데 그때 같이 먹었던 음식이 기억나는 것은 미각의 힘이지요. 생각만 해도 입안에 군침이 돌고 미소가 번진다면 미각은 훌륭히 의사소통 기능을 하고 있는 것입니다. 어머니를 떠올릴 때 어머니의 모습과 함께 어머니께서 해주시던 음식이 떠오르는 것은 미각이 주는 아름다운 추억일 것입니다.

내 피부가 의사소통에 얼마나 중요한 역할을 하는지는 조금만 생각해보면 알 수 있습니다. 손을 잡고, 안는 일이 우리 삶 속에서 늘 일어납니다. 악수나 포옹 같은 행위가 인사의 종류가 된 것을 보면 의사소통의 핵심에 촉각이 있음을 알 수 있습니다. 아이들은 엄마와 아빠의 손을 잡고, 엄마와 아빠의 품에 안겨서 뽀뽀를 합니다.

우리를 자라게 한 의사소통은 피부 감각의 신뢰에서 비롯됩니다. 사랑은 하는데 촉각의 소통이 없다면 관계가 오래 지속되기 어렵습니다. 또한 피부에 의한 의사소통은 역방향으로 진행되기도 합니다. 눈빛이 위협의 한 방법이 되기도 하지만 촉각은 직접적인 고통을 주어 마음을 표현합니다. 때리고, 꼬집고, 밀어서 넘어뜨리고, 머리카락을 뽑아버리기까지 하지요. 촉각은 따뜻하지만 때로 무섭습니다. 사람을 죽게 할 수도 있습니다.

청각은 의사소통의 측면에서 보면 소극적이고 수동적입니다. 적극적으로 내 의사를 표현하기보다는 다른 이의 의사소통을 듣지 않고 막아버리는 기능을 합니다. 종종 의도하지 않게 의사소통을 단절시키기도 합니다. 우리는 자신이 관심 있는 곳에 집중하면 아무 소리도 들리지 않습니다. 이런 효과를 알기에 듣기 싫은 소리를 피하기 위해 다른 생각에 집중하기도 합니다.

오감五感은 따로 존재하는 것처럼 보이지만 실제로는 모두 연결되어 있습니다. 입과 귀가 연결되어 있고, 미각과 후각이 연결되어 있습니다. 다섯 감각이 함께 내 감각에 판단을 만들어냅니다. 그중 한 감각이라도 거부 반응을 일으키면 즐거운 소통이 되기 어렵습니다.

우리말 표현은 자연스럽게 연결된 감각을 보여줍니다. 그러한 표현을 공감각적 표현이라고 하는데, 우리말에서 공감각은 억지로 만들어낸다기보다는 늘 있는 현상이기도 합니다. 구수한 목소리, 거친 숨소리, 밝은 노래는 모두 공감각적인 표현입니다. 그런데 우리는 특별한 의식 없이 이런 표현을 사용하고 있습니다. 공감각이 생활인 셈이지요.

한편 오감 이외에도 우리에게는 명확히 밝혀지지 않은 육감六感이 있어서 의사소통에 촉을 세웁니다. 서운함과 고마움은 때로 육감에서 옵니다. 감정을 느끼는 감각이기 때문이지요. 오감으로는 알 수 없던 마음이 전해집니다.

우리는 우리의 모든 감각에 집중하고 깨우는 연습을 할 필요가 있습니다. 그리고 항상 감각에 고마워하고, 즐겁게 소통하는 연습도 할 필요가 있습니다. 감각은 모두 연결되어 있습니다. 감각이 즐거워지면 우리의 육감도 조금씩 즐거워질 것입니다.

연결된 오감

입과 귀가 연결, 미각과 후각이 연결

구수한 목소리　　거친 숨소리　　밝은 노래

의인법의
반대말

의인법擬人法은 사람이 아닌 것을 사람처럼 표현하는 수사법입니다. 넓은 의미에서는 활유법의 한 부분이라고 볼 수 있겠네요. 사람이 아닌 것을 사람처럼 표현하는 심리는 뭘까요? 아마도 나 이외의 세상을 나처럼 여기는 '동일시'가 주요한 동기가 아닐까 싶습니다. 나와 내가 아닌 것의 구별이 없는 세상이라고 할까요?

우리는 종종 자연에도 말을 건넵니다. 꽃에게 말을 건네는 경우도 많습니다. '참 예쁘구나, 오늘은 더 맑아 보이네' 등의 말을 건네기도 하고 사람에게 말 못할 내 속사정을 털어놓기도 합니다. 동물에게는 더 많은 이야기를 합니다. 어쩌면 내 말을 못 알아들을 거라는 안도감에 이야기를 하는 경우도 있을 것입니다. 하지만 이야기를 하다보면 정말 내 이야기를 알아듣는 듯해서 기분이 좋아집니다. 의인법은 단순한 수사법이라기보다는 나와 세상을 이어주는 끈이라고 할 수 있습니다.

그럼 반대로 사람을 사람이 아닌 것으로 표현하는 방법은 무엇이라고 할까요? 사람을 동물이나 식물, 또는 무생물로 표현하는 것이지요. 그런데 여기에 해당하는 수사법 용어는 따로 없고 비유로 여기곤 합니다. 물론 비유인 것은 맞지만 활유법이나 의인법처럼 어떤 특징에 대해서 고민하고 연구해볼 필요가 있습니다.

우선 사람을 사람이 아닌 것으로 비유할 때는 비하의 마음이 느껴질 때가 있습니다. '사람이 아니다'라는 말을 한번 볼까요? 이 말은 칭찬보다는 비하의 의미로 사용되는 경우가 대부분이니, 사람을 다른 대상으로 표현하는 것 자체가 좋은 일이 아닐 수도 있겠네요. 하지만 어쨌든 사람을 표현할 때 주변의 대상을 빗대는 것은 자연스러운 일이라는 생각도 듭니다.

사람을 가장 많이 비유하는 것은 식물이 아닐까 합니다. 사람을 거목巨木이라고도 하고, 포도나무라고도 합니다. 뿌리를 내렸다는 표현도 쓰고, 드디어 열매를 맺었다든지 결실을 맺었다든지 하는 관용 표현을 쓰기도 합니다. 가지 많은 나무는 자식이 많은 부모를 비유하는 말입니다.

이렇듯 사람을 식물로 표현하는 경우는 많습니다. 때로는 사람을 물질로 표현하기도 하는데 돌이나 바위, 산이나 강으로 표현합니다. '그 자리에서 돌이 되었다'고도 말합니다. 사람이 돌이 될 리는 만무하지만 꿈쩍도 하지 않는 모습을 돌에 비유한 것입니다. 산이나 바다 같은 사람은 어떤 느낌인가요? 또 먼지나 티끌 같은 사람은 어떤 느낌인가요? 바람 같다고 표현하기도 하고, 물 같다고 말하기도 합니다. 사람은 이렇듯 비유 속에서 이런저런 주변의 사물이 됩니다.

꽃

사람을 동물이나 식물, 또는 자연으로 표현하는 것에는 깊은 관심이 숨어 있는 경우가 많습니다. 각각의 특징을 찾아내어 비유하는 것입니다. 예를 들어볼까요. 호랑이, 여우, 토끼, 사자, 원숭이, 사슴, 뱀, 쥐, 소, 말, 개, 고양이, 닭 등의 동물을 비유의 대상으로 삼았다면 각 동물의 특징을 관찰한 결과입니다. 또 사람을 소나무, 대나무, 매화, 난초, 장미, 백합, 진달래, 코스모스 등으로 비유했다면 각 식물의 특징을 잘 들여다본 결과입니다. 아직 없는 비유의 동물이나 식물이 있다면 그 특징을 자세히 살펴보세요. 흥미로운 비유가 탄생할 수도 있습니다.

사람을 사람이 아닌 것으로 표현하는 심리는 내가 자연 속에서 출발했음을 깨닫는 마음이기도 합니다. 사람을 자연물로 표현할 때 내 마음을 생각해보세요. 나는 왜 식물처럼 살고, 동물처럼 살고, 비가 되기도 하고, 구름이 되기도 하고, 바람이 되기도 할까요? 비유는 이렇듯 우리에게 많은 궁금증을 남깁니다. 문득 나는 무엇에 비유될까 하는 궁금증이 생깁니다.

사람이 아닌 것을 사람처럼 표현하는 의인법

꽃아, 참 예쁘구나, 오늘은 더 맑아 보이네

사람을 식물로 표현하는 비유법

거목 같은 사람　　　뿌리를 내리다　　　결실을 맺다

무서운
비유

우리는 어떤 대상을 더욱 생생하게 표현
하기 위해서 비유를 사용합니다. 다양한
비유법이 있지만 그 목적은 하나같이 자신
의 생각을 더 잘 표현하기 위해서입니다. 그러다보니 지나치게
세게 표현할 때가 있습니다. 생각해보면 아주 끔찍한 표현인 경
우도 있고, 듣는 사람을 기분 나쁘게 하거나 공포에 빠지게 하는
경우도 있습니다.

대표적인 것으로 '눈 감으면 코 베어간다'라는 속담이 있습니
다. 우리는 쉽게 정신을 바짝 차려야 한다는 속담으로 사용하지
만 코를 잘라간다는 말은 정말이지 끔찍한 표현입니다. 임진왜

란 때 왜군이 전공을 자랑하기 위해 조선인의 귀나 코를 잘라갔다는 점을 생각해보면 그 끔찍함이 배가될 것입니다. 일본 교토에 가면 조선인의 귀 무덤이 있습니다. 내용과 기원을 생각해보면 함부로 사용할 수 없는 속담입니다.

'을씨년스럽다'도 일본과 관련이 있습니다. 이 말은 을사조약이 있던 해인 1905년 '을사년'과 관련이 있다고 봅니다. 을사조약이 있던 해여서 그런 느낌을 비유하게 되었다는 이야기도 있고, 그해에 유난히 자연재해가 많아서 '을사년스럽다'는 말이 생겼다고도 합니다. 아무튼 '을씨년스럽다'라는 말은 해당 시기를 떠올려보면 무서운 비유가 아닐 수 없습니다.

어떤 사람이 깊은 잠에 빠져 있을 때 '시체처럼 잠들다'라거나 '죽은 듯이'라는 표현을 씁니다. 곰곰이 생각해보면 얼마나 무서운 표현인가요? 어떤 사람이 아이에게 '시체처럼 잠들어 있다'는 말을 하는 것을 듣고 소름이 쫙 끼친 적이 있습니다. 어르신께는 절대로 사용해서는 안 되는 비유이지요.

현대를 살아가는 대부분의 사람들에게는 전쟁 경험이 없습니다. 그래서 많은 비유가 전쟁과 관련이 있음에도 특별한 느낌 없이 이야기합니다. '폭탄 맞은 듯'이라는 표현을 자주 듣게 되는

데, 폭탄에 가족을 잃었거나 집을 잃은 사람에게 이런 비유는 단순한 비유가 아니라 끔찍한 기억일 것입니다. 지뢰라든가 핵이라든가 하는 표현을 쉽게 입에 올리는 것도 마찬가지입니다.

　이 글을 쓰게 된 것은 '자살골'이라는 비유 때문입니다. 축구 경기를 보면서 우리는 아무렇지 않게 자살골이라는 표현을 씁니다. 자기를 죽이는 행위라는 의미이지요. 자살이 그렇게 쉽게 입에 담을 만한 어휘인가요? 어떤 사람에게는 두려움 가득한 어휘입니다. 자살 행위나 다름없다는 말도 쉽게 표현합니다. 그래서인지 요즘에는 자살골 대신에 '자책골'이라는 말을 더 많이 씁니다. 표현에 고민이 보여서 좋습니다.

　회사에서 파면되거나 어떤 직위에서 해임된 경우에도 '목이 달아났다'나 '잘렸다'는 표현을 씁니다. 참 무서운 말입니다. 목이 잘리는 모습은 상상만 해도 눈을 감게 됩니다. 그런데 우리는 별 생각 없이 이런 비유를 합니다. 손가락의 일부가 잘려도 상상할 수 없는 고통일 텐데 목이라니요. 노래 가사에도 충격적인 비유가 담기는 경우가 있습니다. '총 맞은 것처럼'은 고통을 표현하는 것일 테지만 지나친 비유입니다.

　물론 비유는 내가 표현하고자 하는 말의 내용을 효과적으로 전달하기 위한 수단이라는 것은 압니다. 그래서 어떤 경우에는 더 강조를 하고, 더 끔찍한 내용을 가져왔을 테지요. 하지만 이왕이면 좋은 비유, 상처가 되지 않는 비유, 재미있는 비유를 했으면 합니다. 웃음이 나고 행복해질 수 있는 비유도 얼마든지 있지 않을까요?

더욱 생생하게 표현하기 위한 무서운 비유법

눈 감으면 코 베어간다   자살골

목이 달아났다   목이 잘렸다   총 맞은 것처럼

이왕이면 웃음이 나고 행복한 비유로!

대통령과
압존법

'대통령'을 어떻게 불러야 할까요? 아마도 대부분의 사람들은 '대통령'이라고 해야 할지, '대통령님'이라고 해야 할지 헷갈릴 것입니다. 가끔 뉴스에서 청와대 관계자들이 '대통령'이라는 말을 사용할 때도 왔다 갔다 합니다.

그렇다면 청와대 대변인은 국민 앞에서 대통령에 대해 이야기할 때 어떻게 지칭을 해야 할까요? '① 대통령은 ② 대통령께서는 ③ 대통령님께서는 ④ 대통령님은' 중에서 무엇이 맞는 답일까요? 아마도 쉽게 답하기가 어려울 것입니다. 왜냐하면 이미 방송을 통해서 다양한 표현을 들었기 때문에 다 맞는 것처럼 보일 테니까요. 굳이 어색한 표현을 들자면 ①번이 아닐까요? 얼마 전까지만 해도 방송에서는 ①번의 표현을 잘 사용하지 않았습니다.

새 정부가 들어서고 대변인이 브리핑을 하면서 '대통령은'이라고 표현하고, '말했습니다'라고 표현하는 것을 듣고 매우 놀랐습니다. 오랫동안 청와대 대변인 등의 말을 들어 오면서 왠지 어색했던 부분을 다시 생각하게 해주었기 때문입니다. 바로 압존법의 문제입니다.

압존법을 종종 '앞존법'이라고 생각하는 사람이 있는데 이는 잘못입니다. 마치 더 앞에 있는 사람만 높이는 것이라 착각하는 듯합니다. 압존법壓尊法은 존대하려는 마음을 눌러서(壓) 하지 않는다는 의미입니다. 즉 높여야 할 대상이지만 듣는 이가 더 높을 때 그 공대를 줄이는 어법입니다. 예를 들어 할아버지 앞에서는 아버지를 높이지 않는 것이지요. "할아버지, 아버지가 왔습니다"라고 표현하는 것이 압존법입니다. 논리상으로는 간단하지만 실생활에서는 여러 가지 괴로움을 주는 화법이라고 할 수 있습니다. 그래서 표준 화법에서는 압존법이 점점 완화되고 있습니다.

❋

압존법은 듣는 이 중심의 높임법이라고 할 수 있습니다. 즉 듣는 이보다 낮은 사람에 대해서는 높임을 하지 않음으로써 듣는 이를 존중해주는 것이지요. 듣는 이의 입장에서 자기보다 아랫사람을 지나치게 높이는 것이 불쾌할 수도 있기 때문입니다. 그래서 압존법을 듣는 이에 대한 배려라고 합니다.

그런데 이제는 듣는 이도 말하는 이를 생각해서 어느 정도의 높임을 허용해주는 듯합니다. 예를 들어 할아버지 앞에서 손자가 자기 아버지를 높이는 것에 대해서는 허용을 하는 편이라는 의미입니다. 그래서 "할아버지, 아버지께서 오셨습니다"라고 해도 그다지 기분 나빠하지 않는 경우가 많아졌습니다. 물론 여전히 "할아버지, 형께서 오셨습니다"라는 식의 표현을 하면 기분이 좋지 않을 것입니다. 제가 볼 때는 듣는 이와 제3의 대상의 간격과 말하는 이와 제3의 대상의 간격이 비슷하면 용납이 되는 듯합니다. 아무튼 여전히 복잡한 문제입니다. 앞으로 압존법은 점점 힘을 잃어갈 것으로 보입니다.

자, 다시 청와대 대변인의 말로 돌아가볼까요. 압존법에 따르면 청와대 대변인이나 관계자가 대통령에 대해서 국민에게 말할 때는 대통령과 국민 중 누가 더 높은가에 대해서 생각해야 합니다. 대통령이 높다고 생각하면 당연히 '대통령님께서는'이라고 하거나 '대통령께서는' '대통령님은'과 같이 표현해야겠지요. 반면에 국민이 더 높다고 생각하면 '대통령은'이라고 표현해야 합니다. 새 정부의 대변인은 국민이 더 높다고 보고 '대통령은'이라고 표현한 것으로 보입니다. 이것은 청와대 수석들의 표현에서도 발견됩니다. 물론 여전히 '대통령님께서는'이나 '대통령께서는'이라는 표현을 쓰는 경우도 있습니다. 한 번에 바꾸기는 쉽지 않겠지요.

대통령과 국민 중 누가 더 높은가요? 당연히 국민이 높지 않을까요? 국민이 대통령을 뽑았고, 대통령은 국민을 섬기겠다고 하니 당연히 국민이 높습니다. 만약 왕이었다면 다르게 생각했을 수 있겠습니다. 아마 왕이라면 자신이 국민보다 더 높다고 보았을 것입니다. 하지만 민주공화국에서 대통령은 국민이 뽑은 그야말로 일꾼입니다. 따라서 '대통령은'이라고 표현하는 게 맞습니다. 또한 '말씀하셨다'가 아니라 '말하였다'가 맞는 표현입니다. 이게 압존법이 보여주는 세상의 변화입니다.

하나 덧붙이자면 '대통령'과 '대통령님'의 관계는 어떨까요? '대통령님'은 최근에 생긴 말입니다. 김대중 대통령 때로 기억하는데, '대통령님'이라는 표현이 생기게 된 이유는 각하와 관련이 있습니다. 각하라는 표현이 대통령에 대한 지칭이자 호칭이었던 때가 있었습니다. 그런데 각하라는 말은 국민보다 대통령을 높인다는 문제가 있었습니다. 그래서 각하라는 지칭과 호칭을 사용하지 않기로 한 것입니다.

그런데 문제가 발생했습니다. 지칭에서는 각하 대신에 '대통령은' 또는 '대통령께서는'이라고 표현해도 전혀 문제가 되지 않았는데 호칭에서는 문제가 발생한 것이지요. 대통령을 부를 말이 사라진 것입니다. 전에는 그냥 '각하!'하고 부르면 되었는데, 각하를 쓰지 않으니 '대통령!'하고 부를 수도 없는 노릇이었겠지요. 그래서 '대통령님'이라는 말이 생겨났습니다. 굳이 보자면 '대통령님'은 지칭에 있어 필요 없는 말입니다. 호칭에서만 필요한 말입니다. 호칭과 지칭도 점점 민주적으로 바뀌고 있습니다.

국민을 섬기는 대통령

국민이 대통령을 뽑았고, 대통령은 국민을 섬겨야 하니 당연히 국민이 대통령보다 높다.

대통령은(O)   대통령님은(×)

대통령께서는(O)   대통령님께서는(×)

우리말의 매력,
모음조화

언어마다 특징이 있습니다. 어떤 언어는 성조가 발달했습니다. 음의 높낮이로 뜻을 구별하는 것입니다. 대표적인 언어로 중국어를 들 수 있습니다. 베트남어와 태국어도 성조가 발달했습니다. 유럽의 언어에서는 성별이나 인칭에 따라 어휘나 문법의 형태가 달라지기도 합니다. 남성명사, 여성명사인지 1인칭, 2인칭, 3인칭인지에 따라 동사의 모양이 달라지는 경우가 있습니다. 어떤 언어를 배울 때 특징을 잘 기억하는 것은 매우 중요합니다. 그리고 이러한 특징에는 언어를 사용하는 사람의 문화나 생각이 반영되어 있습니다.

저는 우리말의 가장 큰 특징이 모음조화라고 생각합니다. 일반적으로 알타이어의 특징이라고 이야기하기도 하지만 우리말에서 모음조화는 매우 매력적입니다. 우리는 이 매력적이라는 말에 주목할 필요가 있습니다. 즉 우리말의 특징으로 모음조화를 이야기하는 사람은 많지만 왜 모음조화가 중요한지, 왜 모음조화가 생겼는지에 대해서 설명하는 경우는 거의 없기 때문입니다.

╫

우리말의 모음조화는 몇 가지 측면에서 설명되고 강조됩니다. 먼저 모음조화를 이야기할 때 가장 많이 등장하는 것이 의성어와 의태어입니다. 의성어와 의태어는 밝은 모음을 사용했는지, 어두운 모음을 사용했는지에 따라 느낌이 달라지기 때문입니다. 다른 나라에는 거의 없는 현상이지요. 특히 의성어는 모음조화가 왜 생겼는지를 보여줍니다. 소리를 흉내 낼 때 느낌까지 담은 말이 의성어이기 때문입니다.

우리말의 웃음소리는 모음의 세밀한 느낌을 잘 보여줍니다. 우리말의 웃음은 히읗 계통과 쌍기역 계통으로 나누어볼 수 있습니다. '하하, 허허, 호호, 후후, 헤헤, 흐흐, 히히' 등을 보면서 누가 어떤 느낌으로 웃는지 추측이 가능합니다. '깔깔, 껄껄, 낄낄' 등을 보면서도 어떤 웃음인지 금방 알 수 있지요. 그야말로 아

다르고 어 다른 느낌을 표현하고 있습니다. '앙앙, 엉엉, 잉잉'의 느낌도 전혀 다릅니다. 모음조화는 이렇게 우리의 세밀한 감정을 잘 나타내고 있습니다.

한편 의태어는 소리가 아니라 모양을 흉내 낸 말이기 때문에 창의력이 첨가됩니다. 즉 들리는 소리를 그대로 묘사한 것이 아니라 모양에 느낌을 더했다는 의미입니다. '깡충, 껑충'의 느낌, '출렁, 찰랑, 철렁'의 느낌을 비교해보면 모음조화가 모습에도 느낌을 담으려 했다는 것을 알 수 있습니다.

그렇다면 모음조화는 왜 생겼을까요? 저는 그 답을 다시 의성어에서 찾고 싶습니다. 즉 그렇게 들리기 때문에 그렇게 표현한 것입니다. 밝은 느낌으로 들렸기에 그대로 묘사하려고 했고, 어두운 느낌으로 들렸기에 그렇게 묘사한 것입니다. 그럼 왜 밝은 느낌으로, 또는 어두운 느낌으로 들렸을까요?

우리는 놀라는 감탄사에 있어서도 자연스럽게 '아'와 '어'를 구별합니다. '아!'와 '어!'의 느낌이 다릅니다. '아'는 보통 기분 좋은 놀라움이라면 '어'는 예상치 못한 당황스러움을 표현합니다. 물론 모든 경우에 다 적용되는 것은 아닙니다. 이런 감탄사조차 느낌을 담고 있다는 것은 모음의 느낌이 우연히 발생한 것이 아니라는 점을 생각하게 합니다.

우리가 '아'라고 말하면 표정도 밝아집니다. '아'라고 발음하는 순간 입꼬리가 살짝 올라갑니다. '어'는 턱을 내리며 발음하게 되는데 아무래도 인상을 쓰게 됩니다. 발음을 정확히 조사해보지는 않았지만 '아'보다는 '어'가 낮은 소리, 깔리는 소리로 느껴집니다. 저음은 위엄을 나타냅니다. 보통 윗사람의 말투가 저음인 것도 이러한 점과 관련이 있습니다. '오'와 '우'도 마찬가지입니다. '오'의 표정과 '우'의 표정이 다릅니다. '우'가 야유의 소리임은 느낌과 연관성이 있기 때문입니다.

우리말은 이런 모음의 느낌을 잘 기억하고 단어에도 반영했습니다. '밝다'와 '어둡다'의 경우에도 '밝다'에는 '아'가, '어둡다'에는 '어'가 들어 있습니다. 우연의 일치라기에는 발음이 주는 느낌이 너무나도 선명하지요.

좀 더 구체적인 느낌이 있는 단어를 살펴봅시다. '맑다'와 '묽다', '밝다'와 '붉다'는 어떤가요? 우리말은 이런 점에 착안하여 다양한 단어를 만들어냈습니다. 모음의 교체가 단어의 분화를 가져온 것이지요. '나'와 '너', '낡다'와 '늙다', '핥다'와 '훑다' 등의 느낌을 모음의 느낌을 중심으로 살펴보면 재미있는 연구가 될 수 있습니다. '아침'과 '저녁', '가다'와 '서다'는 우리에게 모음의 느낌을 더 선명하게 보여줍니다. 이를 통해서 한국인의 의식도 엿볼 수 있습니다. 가장 대표적인 단어는 '살다'와 '죽다'입니다.

세종대왕도 우리말의 가장 큰 특징을 모음조화로 본 듯합니다. 그래서 모음의 글자에 많은 노력을 기울였고, 비밀도 숨겨놓았습니다. '아'나 '오'는 글자 모양만 봐도 밝은 느낌이 나게, '어'나 '우'는 어두운 느낌이 나게 했습니다. '아'나 '오'는 태양이 사람의 동쪽에서 떠오르거나 땅 위에서 뜨는 모습을 '어'나 '우'는 해가 서쪽으로 지거나 땅 아래로 지는 모습을 상형하고 있습니다. 모음조화를 표현할 때 글자 모습으로 그보다 더 잘 표현할 수 있을까요? 모음조화는 한국 사람의 감정과 생각을 가장 잘 나타내고 있습니다.

모음 '아'와 '어'의 느낌

밝은 느낌의 아와 오 → 아침, 하하, 호호, 봄, 가을, 살다
어두운 느낌의 어와 우 → 저녁, 허허, 후후, 여름, 겨울, 죽다

감탄사가
절로 난다

우리나라 사람들이 국어학에 얼마나 관심이
있는지는 모르겠지만 문법에는 관심이 많은
듯합니다. 예를 들어 토씨 하나 틀리지 않았다든
지, 감탄사가 나온다든지 하는 말을 거리낌 없이 사용하는 것을
보면 말이지요. 우리말 표현에 문법 용어가 자주 등장하는 것은
재미있습니다.

'감탄사感歎詞'는 말 그대로 감탄할 때 나오는 소리에 해당하는
말들을 일컫는 품사입니다. 우리가 보통 '감탄'이라고 할 때는
좋은 일이나 놀라운 일을 의미합니다. 그러나 실제로는 탄식할
때나 비꼴 때 감탄사를 더 자주 사용하는 것 같습니다. 좋은 일

이 있을 때 '와!'와 같은 감탄의 표현을 얼마나 자주 사용하나요?

사실 생각해보면 우리말에서 감탄사는 다양하게 나타납니다. '오, 야, 와, 얼씨구, 이크, 어머나, 이런, 어이쿠, 으악, 애걔(너무 적을 때), 에구머니나' 같은 감탄사들을 감정을 실어서 말해보면 느낌이 살아납니다. 감탄사는 느낌을 싣지 않으면 죽은 단어가 되어버립니다.

요즘에는 외래 감탄사들도 많이 들어와 있습니다. '웁스, 오우, 우우(야유할 때), 헤이' 등이 그것입니다. 감탄사도 수입이 됩니다. 반면에 '아, 아이고'와 같이 아플 때 지르는 비명(영어는 '아우치ouch', 일본어는 '이타이痛い')은 수입이 안 된다고 하는데, 이것은 더 지켜봐야 할 것 같습니다. 만약 이런 단어들이 수입되면 우리도 '아우치'나 '이타이'라고 발음하게 될까요?

✿

감탄사가 우리의 언어 속에서 사라져간다는 것은 슬픈 일입니다. 얼마 전에 텔레비전에서 강의를 보는데, 사람만이 감탄을 한다는 내용이 나와서 참 많은 생각을 하게 되었습니다. 동물은 감탄을 하지 않는다는 말이지요. 사람은 감탄을 먹고 삽니다. 많은 사람들이 부모나 윗사람에게 인정을 받으려고 노력합니다. 이렇게 인정을 받으려는 마음도 본질적으로는 누군가의 감탄을 받고 싶기 때문일 것입니다. 그런데 우리는 인정을 받으려는 모습을 보면서 감탄은 하지 않고 오히려 무언가 잘못한 것이 없나 찾으려고 합니다. 비판적 시각이 늘 좋은 것은 아닙니다. 특히 아이들에게나 학생들에게는 감탄이 보약입니다.

우리말 표현을 살펴보면 다른 품사들에 비해서 유독 '감탄사'라는 단어가 자주 사용됩니다. 우리는 '감탄사를 연발하다'라는 말도 합니다. 멋진 경치나 박물관의 작품들을 보면서 감탄사를 연발합니다. 이는 참으로 자연스러운 현상입니다. 멋진 것을 보면서 심각한 표정을 짓는 것은 어쩐지 인간적이지 않은 느낌입니다.

그래서 우리는 '감탄사가 절로 난다'라는 표현도 사용하는 것입니다. 감탄사는 억지로 나오는 것이 아닙니다. 하지 않으려 해도 내 깊은 마음의 울림이 밖으로 튀어나오는 것입니다. 이제는 두려워하고, 실수하고, 화를 내고, 기분 나쁠 때 사용하는 감탄사를 줄이고 기쁠 때, 칭찬할 때, 아름다울 때, 멋있을 때 사용하는 감탄사가 많아지기를 바랍니다.

한편 감탄사는 마음의 울림이기는 하지만 버릇이기도 합니다. 감탄사를 자주 사용하다보면, 아니 사용하려고 노력하면 더 자연스럽게 쓸 수 있습니다. 멋있는 것을 보았을 때는 물론 아이들의 작은 노력을 보았을 때도 감탄하고, 학생들의 글이나 작품을 보면서 '와! 멋있다, 야! 잘했어, 오! 대단한데'와 같은 말들을 해보는 건 어떨까요? 아이들은 감탄을 먹고 쑥쑥 자라나게 될 것입니다.

감탄을 잘하는 사람에게는 친구가 많습니다. 자신의 모습을 보고 칭찬해주는 사람, 자신의 성과를 내 일처럼 기뻐해주는 사람과 안 친할 수 없을 것입니다. 맞장구를 잘 쳐주는 친구들과는 계속 이야기가 하고 싶어지는 것이 당연하지 않을까요? 제 어머니는 친구가 많으신데 그 비결은 감탄사에 있다는 생각이 듭니다. 친구들과 이야기하시는 모습을 보면 '맞아, 맞아!' 하며 늘 맞장구쳐주시고, '오, 그랬어!' 하며 놀라워하십니다.

세상이 살맛 나고 아름다워지려면 감탄사가 많아져야 합니다. 우리 모두가 서로를 감탄하게 만들기 위해서 노력했으면 좋겠습니다. 여러분은 하루에 감탄사를 몇 번이나 사용하고 있나요? 하늘을 보면서, 꽃을 보면서, 아이의 행동을 보면서 감탄을 할 수 있겠지요. 잘 살펴보면 우리 주변에는 감탄할 일이 아주 많습니다. 어마어마한 일이 아니라 작은 일로, 작은 정성으로, 사소해

보이는 배려로 감탄을 불러올 수 있습니다.

  또 다른 사람의 노력을 보면서 감탄하는 버릇이 생기기 바랍니다. 참 좋은 버릇이 아닐까 합니다. 그야말로 감탄사가 절로 나는 세상을 그려봅니다.

감탄사의 종류

다양한 우리말의 감탄사 → 오, 아, 와, 얼씨구, 어머나

수입된 감탄사 → 웁스, 오우, 우우, 헤이

수입 안 되는 감탄사 → 아우치ouch, 이타이痛い

명사와 동사의
시각

문법이라고 하면 머리가 아픈 사람들은 제목을 보면서 고개를 저었을지도 모르겠습니다. 하지만 지금부터 하려는 이야기는 문법이 아니라 세상을 바라보는 시각에 관한 것입니다. 어떤 품사를 많이 쓰는가에 따라 세상을 보는 눈이 달라진다는 이야기를 나누고 싶은 것입니다.

서양 언어와 동양 언어의 차이점은 명사 중심인가, 동사 중심인가라고 합니다. 명사는 각각의 사물, 개체가 중요하고, 동사는 관계가 중요합니다. 서양 언어는 수와 성이 발달했는데 이는 명사 중심의 사고를 하고 있음을 나타냅니다. 어떤 물건이나 사람이 하나인지 여럿인지가 중요한 것입니다. 그리고 그 명사가 남성인지, 여성인지가 관심사였고 중요했습니다. 영어에서는 명사가 복수인지 아닌지에 따라 동사의 모양이 달라지기도 합니다. 명사가 중요한 것입니다.

하지만 동양 언어에서는 일반적으로 수와 성이 발달하지 않았습니다. '사탕을 먹었다'와 '사탕들을 먹었다'의 의미 차이나 사용 환경을 생각해보면 우리말의 수가 얼마나 부정확한 것인지 알 수 있습니다. 아니, 부정확한 것이라기보다는 관심이 적었다는 것을 알 수 있습니다. 사실 우리에게 사탕 몇 개를 먹었는가 하는 것은 그다지 중요하지 않습니다. 만약 몇 개를 먹었는지 궁금하면 물어보면 그만입니다.

茌

우리말과 일본어는 동사의 활용이 복잡하게 발달했는데, 동사의 모양 바꿈은 동사를 얼마나 중요시하는가를 보여줍니다. '가다'는 '간다, 갔다, 가겠다, 가시다, 가자, 가라, 갈까, 가지, 가세, 가렴' 등으로 모양을 바꿉니다. 또한 상대에 따라 '가라, 가게, 가오, 가십시오, 가, 가요'와 같이 달라집니다. 우리말은 동사가 중요하기 때문에 '한국말은 끝까지 들어봐야 한다'라는 우스갯소리도 있는 것입니다.

우리말에서는 동사만으로도 문장에 담겨 있는 대부분의 관계를 표현할 수 있습니다. 예를 들어 '드시다'라는 말을 보면 주어가 높임의 대상인지 아닌지 알 수 있습니다. 또 '여쭙다'라고 하면 목적어가 높임의 대상인지도 알 수 있습니다. 우리말에서는 동사를 보면 주어나 목적어와의 관계를 알 수 있는 경우가 많습니다. 이렇듯 동양 언어에서 동사는 관계를 보여주고 있습니다. '많이 드셨습니까?'와 '말씀 좀 여쭙겠습니다'와 같은 표현에서처럼 동사만으로도 관계를 알 수 있기 때문에 주어의 생략이 비교적 자유롭습니다.

전에 스토니브루크 대학의 박성배 선생님과 이야기를 나눌 때, 선생님은 동서양의 종교적인 차이는 언어에서 비롯된 것이 많다는 말씀을 하셨습니다. 언어의 중요성은 알고 있었지만 그렇다고 언어가 종교에까지 영향을 미친다는 말은 쉽게 이해가 가지 않았습니다. 그런데 명사와 동사 중 어떤 품사에 중심을 두느냐에 따라 사고가 달라지는 것을 보면서 종교의 문제까지 생각해보게 되었습니다. 명사에 중심을 두는 생각은 유일신의 개념과 닮아 있습니다. 무언가 있고, 누군가가 우리를 창조했다는 생각이 자연스러운 것입니다.

하지만 동사에 중심을 두는 생각은 '관계'에 주목하므로 유일신의 개념보다는 자연과 인간의 관계에 주목하게 되고, 모든 것의 가치를 인정하는 것에 관심을 갖게 되는 것입니다. 명사에 관심을 가지면 '존재'에 관심을 갖게 되는 것 같습니다. '있다, 없다'나 정확한 분석이 관심사가 됩니다. 하지만 동사에 관심을 가지면 변화에 관심을 갖게 되는 것 같습니다. 어떻게 달라졌는가가 관심사이고 늘 변화에 주목하게 되는 것입니다.

명사와 동사는 품사입니다. 하지만 달리 생각해보면 품사는 세상을 보는 틀이기도 합니다. 어떤 품사를 많이 쓰고, 어떤 품사를 중요하게 생각하는가에 따라 세상을 바라보는 시각이 전혀 다를 수 있는 것입니다. 나는 어떤 품사를 더 많이 쓸까? 품사를 사용하는 양도 우리에게 궁금증을 안겨줍니다.

서양 언어와 동양 언어의 차이점

명사 중심인 서양어 → 수와 성이 발달, 존재에 관심
동사 중심인 동양어 → 수와 성이 발달하지 않음, 관계에 주목
나는 어떤 품사를 많이 쓰나?

형용사의
발달

우리말에는 형용사가 발달했다고 하는데, 그것이 어떤 의미인지에 대해서 쉽게 설명해 주는 사람도 없고, 또 설명을 듣기를 원하는 사람도 없는 것 같습니다. 단순한 현상으로 받아들이는 것입니다. 하지만 제 생각에 우리말에 형용사가 발달했다는 것은 엄청난 의미가 있습니다. 형용사는 한국인이 세상을 바라보는 태도와 관점을 나타내는 중요한 요소이기 때문입니다.

우리말에 형용사가 발달했다는 것은 사람과 사물에 대한 표현력이 발달했다는 것을 말합니다. 또한 작은 차이에 주목했다는 의미도 되고, 끊임없이 변화하는 것에 주목했음을 의미하는 것이기도 합니다. 늘 같은 것은 없습니다. 우리말의 형용사 발달은 모두 같은 것은 없다는 우리의 생각이 반영된 것 같습니다.

※

내 감정의 상태에 따라 세상의 모습은 다르게 비칩니다. 이렇게 다르게 비친 모습들을 각각의 언어로 달리 표현하는 것입니다. 따라서 형용사는 내 감정을 충실히 반영하는 언어라고 할 수 있습니다. 색깔을 표현하는 것을 볼까요? 노랗고, 누렇고, 샛노랗고, 싯누렇고, 노르스름하기도 하고, 누리끼리하기도 합니다. 노릇노릇하게 구워내는 느낌을 어떻게 설명할 수 있을까요?

에스키모어에는 눈에 해당하는 단어가 많습니다. 눈이 많고, 눈으로 하는 일이 많으니 자연스레 단어들이 발달하게 되었을 것입니다. 내리는 눈이나 쌓이는 눈, 이글루를 지을 때 쓰는 눈의 명칭이 다 다릅니다.

농경민족이었던 우리도 비슷한 예를 쌀에서 찾아볼 수 있습니다. 우리는 모를 심고, 벼를 베고, 쌀로 밥을 짓습니다. 다른 언어에서 '모, 벼, 쌀, 밥'처럼 쌀이라는 단어가 다양하게 나타나는 경우가 많지 않습니다. 낟알이나 뫼, 메(제사 때 신위 앞에 놓는 밥) 등의 예까지 살펴보면 더 다양합니다. 사계절이 있다는 점도 우리말의 형용사 발달에 도움이 되었을 것입니다. 사계절의 변화가 그때그때 바뀌는 자연의 표정을 담을 수 있는 표현들을 자연스레 발달시켰을 것입니다. 금강산의 이름이 계절마다 바뀌는 것도 특이한 예가 아닌가요? 한국인은 변화에 민감했고, 우리말에는 그러한 태도들이 반영되어 있습니다.

₩

형용사는 자신의 느낌을 표현하는 말이기도 합니다. 형용사가 발달했다는 것은 자신의 감정에 충실하다는 의미도 됩니다. 자신의 감정이 어떤 모습인지를 들여다보는 연습이 이루어지고 있는 것입니다. 사물을 보면서, 사람을 보면서 현재 나의 감정을 어떻게 표현할 수 있을 것인가 곰곰이 생각해본다는 것은 즐거운 일입니다.

우리말에 감정을 나타내는 형용사가 발달한 것이 우연일까 하는 생각을 해봅니다. 우리는 품사를 단순히 문법 요소의 하나로 보고 있지만, 우리말에서 형용사의 발달은 세상을 바라보는 우리의 모습을 보여줍니다. 형용사는 우리의 감정입니다. 감정이 발달했기에 형용사도 발달하게 된 것입니다. 한국인이 정이 많은 민족이라고 하는데, 이는 형용사의 발달과도 관계가 있다고 생각합니다.

외국인들이나 재외동포 학생들은 우리말 형용사의 변화무쌍한 모습에 겁을 냅니다. 저렇게 세밀하게 변화하는 어휘의 모습을 보면서 배우기 힘들겠다고 지레 생각하는 것이지요. 하지만 언어를 배우는 것이 단순히 의사소통을 위한 것만은 아니라는 생각을 할 필요가 있습니다.

언어를 배우는 것은 새로운 세계를 만나는 것입니다. 한국어를 제2 언어로 배우면서 한국인이 뿌리 깊게 갖고 있는 세상을 보는 눈을 이해할 수 있게 되는 것입니다. 어떤 것은 구체적인 경험으로 알 수 있을 것이며, 어떤 것은 자신도 모르는 사이에 자신의 일부분이 되어 있을 것입니다.

형용사가 발달했다는 것이 우리말을 배우는 데는 분명 어려운 요인이 될 수 있습니다. 하지만 한 언어의 학습이 새로운 세계를 만나는 것이라면 형용사는 새로운 세계를 화려하게 치장해주는 것이 됩니다. 그동안 보지 못했던 세상의 변화를 우리말의 형용사를 통해 느껴보기 바랍니다.

한편 우리말에 형용사가 발달했다는 것은 아는데 정작 우리나라 사람들은 형용사를 점점 잃어버리는 것 같습니다. 색깔을 표현할 때도 다양하게 표현해보고, 맛을 표현할 때도 다양하게 표현해보세요. 자신의 느낌을 잘 관찰하고 언어로 표현하는 연습을 하는 것이 형용사를 더 잘 사용하는 방법입니다. 형용사를 다양하게 사용하다보면 우리의 감정도 더 풍부해질 것입니다. 오늘 하루 얼마나 다양한 형용사를 사용했는지 한번 생각해봅시다.

변화무쌍한 우리말의 형용사

끊임없이 변화하는 것에 주목, 자신의 감정에 충실

노랗고, 누렇고, 샛노랗고, 싯누렇고

노르스름하고, 누리끼리한 색

달고, 달달하고, 달콤하고, 달짝지근하고, 들쩍지근한 맛

무엇의
대명사

대명사는 명사를 대신하여 사용하는 말입니다. 사람의 이름을 대신 나타내는 것을 인칭대명사, 물건이나 장소의 이름을 대신 나타내는 것을 지시대명사라고 합니다. 이렇듯 대명사는 무엇을 대신해서 나타내기 때문에 호응이 중요합니다. 이 대명사가 무엇을 가리키는지 잘 알아야 한다는 의미입니다.

대명사는 모든 언어에서 발달한 것은 아닙니다. 명사를 대신해서 말하는 것을 좋아하지 않는 언어도 있습니다. 구체적인 것을 좋아하는 것이지요. 엄마를 그녀라고 하지 않고, 학교를 그곳이라고 하지 않는 것입니다.

우리말은 대명사가 발달하지 않은 언어입니다. 특히 사람을 가리키는 인칭대명사는 거의 발달하지 않았습니다. 우리말에서는 어른을 대명사로 바꾸어 부르는 경우가 거의 없습니다. 어른을 대상으로 사용하는 대명사는 '당신' 정도일 것입니다. '너'를 높여 부르는 2인칭 대명사가 아니라 '그, 그녀'를 높여 부르는 3인칭 대명사에 사용하는 표현인데, 이것도 점점 사용이 줄어들고 있습니다. 아버지나 어머니, 스승을 떠올리며 이야기할 때 '당신께서 자주 하시던 말씀'이라든지, '당신께서 좋아하시던 노래'라고 표현하는데, 여기에는 그리움이 묻어 있기도 합니다.

외국인이 우리말을 배울 때 가장 많이 실수하는 부분도 대명사입니다. '그녀가 어머니입니까?'라는 표현을 생각해보면 대명사의 사용이 얼마나 어색한지 알 수 있습니다. 가능하면 대명사를 사용하지 말라고 가르치는 것이 실수를 줄이는 방법이기도 합니다. '어머니께서는 문 앞에서 나를 기다리고 계셨다. 그녀는 하얀 원피스를 입고 계셨다'라는 번역은 얼마나 이상한가요? 영어에서는 자연스럽게 'she'를 사용할 자리지만 '그녀'로 번역하면 큰일 나는 경우도 많습니다.

실제로 '그, 그녀'라는 대명사는 구한말, 개화기(개화기라는 표현도 개인적으로는 마음에 안 듭니다. 꼭 그전에 우리가 미개한 민족

이었다는 느낌을 주기 때문입니다) 무렵 생긴 표현들입니다. '그녀'
라는 표현은 지금도 여전히 이상한 경우가 많습니다. 특히 '그녀
는'의 발음이 '그년은'의 발음과 같아서 상스러운 느낌을 주기도
합니다. 일부러 비꼬거나 오해를 만들기 위해서 '그녀는'이라는
표현을 쓸 정도입니다.

'그'와 '그녀'는 일본어의 영향을 강하게 받은 것으로 판단됩
니다. 〈소나기〉를 쓰신 황순원 선생께서는 '그녀' 대신에 '그네'
라는 표현을 쓰기도 했습니다. '-네'가 '여인네'나 '아낙네' 등에
쓰이는 인칭 접미사이기에 응용이 가능했을 것입니다. 물론 '그
네'가 '그녀'와 같은 의미라고 보기는 어려운 점도 많습니다. '그
네'는 왠지 연인을 가리키는 것처럼 느껴지기도 합니다.

　　　　　　　　　　　　　ꝣꝣ

우리말 표현에서 '대명사'는 '무엇의 대명사'라는 말로 사용되
기도 합니다. 최근의 기사를 찾아보니 '청순의 대명사, 정직의 대
명사, 청렴의 대명사'라는 표현이 보입니다. 이 말들은 주로 사람
을 나타내는 것입니다. 청아한 여배우에게는 '청순의 대명사'라
는 수식어가 붙습니다. 거짓이 없는 법조인에게는 '정직의 대명
사'라는 수식어가 붙습니다. 부정부패와 관련이 먼 공무원에게
는 '청렴의 대명사'라는 수식어가 붙습니다. 이런 대명사는 모두

아름답고, 자랑스러운 것입니다.

'무엇의 대명사'는 물건에도 붙는 경우가 있습니다. 예를 들어 '한식당의 대명사, 스포츠카의 대명사, 한복의 대명사'와 같은 표현으로도 쓰일 수가 있습니다. 자신이 만든 물건이 무엇의 대명사가 되는 것은 기쁜 일입니다.

하지만 '무엇의 대명사'는 나쁜 일에도 사용됩니다. '폭군의 대명사, 부정부패의 대명사, 불친절의 대명사, 잦은 고장의 대명사'로도 쓰일 수 있는 것입니다. 즉 대명사는 어떤 단어를 떠올리면 동시에 생각나는 사람이나 물건을 의미합니다.

오늘 아침 저는 무엇의 대명사인가를 생각해봅니다. 이왕이면 '좋은 아빠의 대명사, 좋은 선생님의 대명사'와 같은 수식어가 붙기 바랍니다. 물론 이런 수식어는 제 스스로 붙이는 것이 아니라 주변 사람들이 붙이는 것이라는 생각도 하면서.

명사를 대신해서 사용하는 대명사

무엇의 대명사
청렴의 대명사, 청순의 대명사, 폭군의 대명사

감정을
생각하지 마라

가끔 연설문이나 담화문을 듣는데, 그때마다 꼭 감정을 이야기하는 자리에 '생각'이라는 말을 덧붙인 것을 보게 됩니다. 미안하다고 하면 될 것을 '미안하게 생각한다'라고 하고, 기쁘다고 하면 될 자리에 '기쁘게 생각한다'라고 합니다.

연설문이나 담화문뿐만 아니라 평소에 이야기를 할 때도 안타깝게 생각하고, 고맙게 생각하고, 슬프게 생각하고, 멋지게 생각한다고 합니다. 감정을 이야기하는데 '생각투성이'입니다. 어떤 경우에는 앞의 감정에 해당하는 말조차 감정을 빼고 이야기합니다. 대표적인 것이 '유감으로 생각한다'라는 말입니다. 전혀 감정이 느껴지지 않지요. 무척 건조한 말투입니다.

　감정은 느낌입니다. 그래서 감정이라고 하면 꾸미지 않은 솔직함이 연상됩니다. 사실 감정을 숨기기도 쉽지는 않습니다. 기쁨이나 슬픔을 숨기려고 노력하지만 얼굴에 다 나타납니다. 기쁘지 않은 척하려 해도 눈이 반짝거리고 얼굴에 윤이 납니다. 사랑을 하는 사람이 예뻐 보이는 것은 행복이 온통 얼굴에 드러나기 때문이라는 말이 있습니다. 반대로 화가 나거나 삐졌을 때 자기는 아니라고 우기지만 그를 보는 사람은 다 압니다. 감정은 그런 겁니다. 그런데 우리는 종종 감정을 숨기려 하거나 생기지도 않은 감정을 마치 있는 것처럼 이야기합니다. 다 속이는 일이지요.

　우리는 감정을 표현하면서 자꾸 생각한다는 말을 덧붙입니다. 저는 이런 표현을 접할 때마다 거짓 감정이라는 생각이 듭니다. 기쁘게 생각한다, 슬프게 생각한다는 말을 들으면 기쁨이 안 느껴지고, 슬픔이 안 느껴집니다. 고맙게 생각한다는 말이나 미안하게 생각한다는 말을 들으면 고마움이나 미안함이 느껴지지 않고 그냥 어쩔 수 없이 표현하는 게 아닌가 싶습니다. 말하는 사람은 감정을 생각한다고 표현하는 게 점잖지 않느냐고 이야기할지 모르겠네요. 그러고는 오히려 감정을 드러내는 것을 나무랄 수도 있겠습니다. '감정적'이란 표현이 부정적 느낌을 주는 것은 아마 이런 태도에서 비롯되었겠지요. 감정을 나타내는 사람이 마치 부족한 사람인 것처럼 생각하는 태도 말입니다.

감정을 생각한다는 말은 자신의 감정을 드러내지 않으려는 듯 보이지만 사실은 솔직하지 않은 모습을 그대로 내보이는 것이기도 합니다. 실제로는 별로 기쁘지 않았고, 그다지 슬프지 않았을 수도 있다는 말입니다. 어쩔 수 없이 표현해야 하는 상황이었을 수 있는 것이지요. 정말로 기쁘다면 기쁘다고 이야기하면 되고, 슬프면 그냥 슬프다고 이야기하면 됩니다. 아니, 어떤 경우에는 말조차 필요 없습니다. 밝은 표정과 웃음, 아니면 흐르는 눈물이면 감정을 보이기에 충분합니다. 자신의 감정을 나타내기 전에 곰곰이 생각하고 표현하는 것은 진실한 감정이 아닐 것입니다.

고마움이나 미안함을 표현할 때는 더더욱 감정을 생각해서는 안 됩니다. 자칫 잘못하면 위선이 되기 쉽습니다. 누군가가 '고맙게 생각한다'는 말을 할 때의 표정을 살펴보세요. '미안하게 생각한다'는 사람의 마음을 살펴보세요. 아니, 자신이 그런 말을 했을 때의 감정을 생각해보세요. 별로 미안하지 않을 때 미안하게 생각한다고 말하지는 않았나요? 별로 고맙지 않을 때 형식적으로 '고맙게 생각해'라는 말을 던진 것은 아닐까요? 내 감정이 잘 전달되지 않았다면 감정을 잘 표현하지 못한 것입니다.

감정을 이야기할 때 저는 솔직한 감정을 보려고 합니다. 느끼려고 합니다. 그리고 그런 감정이 자연스럽게 표현되기를 바랍니다. 다른 사람과의 소통에서 의사소통만큼 감정의 소통도 중요합니다. 물론 내 감정이 다른 이에게 고통이 된다면 조심해야겠지만 그렇지 않은 경우라면 감정을 나누는 것도 중요한 소통이 됩니다. 감정을 생각하지 마세요. 자신의 느낌에 충실하세요.

'감정어+생각한다'는 표현은 쓰지 마라

고맙다(O) 기쁘다(O)

고맙게 생각한다(×) 기쁘게 생각한다(×)

미안하다(O) 슬프다(O)

미안하게 생각한다(×) 슬프게 생각한다(×)

감정에 관한
관용 표현들

우리말에는 감정과 관련한 관용 표현
이 발달했습니다. 아마도 일상생활에서
늘 감정을 표현하면서 살기 때문에 감정
과 관련한 관용 표현이 발달했을 것입니다.
특히 구어는 빈도가 높은 열 개의 관용 표현 중 여섯 개가 감정
에 관한 표현이라고 합니다.

관용 표현은 자주 쓰이다가 특수한 의미로 굳어진 경우가 많
습니다. 그래서인지 관용 표현은 주로 문화를 담고 있습니다. 다
른 언어의 관용 표현이 재미있는 것도 문화를 알 수 있기 때문일
것입니다. 그래서 관용 표현을 보면서 어떤 생활 태도가 담겨 있

을지 궁금해하는 것은 즐거운 일입니다. 우리말의 관용 표현을 살펴보면 재미있는 현상이 많습니다.

구어口語와 문어文語의 관용 표현은 좀 차이가 있습니다. 기본적으로 구어는 구어다운 면이 있고, 문어는 문어다운 면이 있습니다. 구어는 우리 실생활에서 꾸밈없이 나오는 경우가 많습니다. 당연히 좀 더 우리의 모습을 솔직히 내보인다고 할 수 있습니다. 문어의 관용 표현은 메시지를 전달하려는 느낌이 강합니다. 신문기사의 제목에 관용 표현이 많이 쓰이는 것은 그러한 이유 때문일 것입니다.

※

그런데 감정 관련 관용 표현의 대부분이 부정적인 감정을 표현하는 것이라는 연구 결과가 있습니다. 앞에서 말한 여섯 개의 감정 관련 관용 표현도 모두 부정적인 감정으로 볼 수 있습니다. '애를 쓰고, 기가 막히고, 간장이 녹고, 속이 타고, 애가 타고, 간담이 썩는다'는 표현이 그것입니다. 이런 표현을 보면 우리의 고통이 느껴집니다. 우리를 정情이 많은 민족이라고 이야기하는데 이러한 정에는 따뜻한 감정뿐 아니라 어두운 감정도 포함됩니다. 아픈 감정도 많습니다. 그게 정이겠지요. 다양한 감정이 정일 테니까요. 이런 감정을 한恨이라고 표현하기도 했겠네요.

세상을 살다보면 기가 막힌 일들이 많이 일어납니다. 물론 우리말에서는 '기가 막히다'가 좋다는 감탄의 의미로 쓰이는 경우도 있습니다. 하지만 대부분은 어이없는 상황에서 쓰게 됩니다.

기가 막힌 일을 당하면 속이 타고, 애가 타고, 간장이 녹고, 썩을 것입니다. 아픔을 표현할 길이 없기에 '타다, 녹다, 썩다'로 표현했겠지요. 실제로 창자가 타고, 녹고, 썩는다면 얼마나 아프겠습니까? 상상할 수 없는 고통이라는 의미이겠지요. 그런데 현실에서는 창자가 타거나 녹으면 사람은 정신을 잃고 죽고 말 것입니다. 어쩌면 고통을 느낄 시간도 없겠지요. 하지만 감정의 고통은 언제 끝날지 모르는 고통입니다.

저는 관용 표현을 보면서 감정의 과잉이 아니라 처절함을 느낍니다. 정말 견딜 수 없는 아픔을 표현했기 때문입니다. 그런 표현을 자주 쓰다보니 생명력을 얻어서 관용 표현으로 굳어진 것입니다.

지금은 예전에 비해 고통이 줄어든 사회 같습니다. 고통이 없다는 의미는 아니고, 고통의 상황이 달라졌다고 말하는 게 더 정확할 수 있겠습니다. 예전에 배고프거나 전염병으로 인한 고통이 너무나 심했습니다. 굶어 죽고, 전염병으로 죽는 일이 다반사

茶飯事였습니다. 유아 사망률도 매우 높았습니다. 자식이 죽는 고통을 무엇에 비할까요? 아이를 낳다가 숨을 거두는 엄마도 많았습니다. 부인이나 엄마를 잃는 고통을 무엇에 비할까요? 전쟁도 많았습니다. 우리도 70년 전만 해도 전쟁을 겪었습니다. 현대인의 고통과는 다른 엄청난 아픔이었을 것입니다. 그런 세월을 지내오면서 관용 표현이 만들어진 것 같습니다. 처절한 아픔을 나타내는 관용 표현 말입니다.

하지만 고통은 고통에만 머무는 것은 아닙니다. 우리는 다양한 긍정적 표현도 만들어냈습니다. '그만하기 다행이다'가 대표적 표현이라고 할 수 있겠습니다. 슬픔이나 아픔을 성장을 위한 과정으로 생각하기도 했습니다. 감정 관련 관용 표현을 보면서 고통을 이겨낸 옛사람들의 모습을 떠올립니다.

아픔과 고통의 감정 표현들

애를 쓰고	기가 막히고	간장이 녹고
속이 타고	애가 타고	간담이 썩고

잘못된
자기소개

경희대학교 교수
조현용입니다.

자기를 남에게 소개할 때 어떻게 해야 할
지 고민인 경우가 있습니다. 보통은 자기 이
름을 이야기하면 됩니다. 예를 들어 "저는 조
현용입니다"라고 하거나 "제 이름은 조현용입니다"라고 소개하
면 됩니다. 나보다 어른에게 소개를 할 때는 성을 빼고 이름만
이야기하는 게 자연스럽습니다. 전화를 걸 때 "선생님, 현용입니
다"라고 하는 게 예의를 갖춘 표현입니다.

자기를 남에게 소개할 때 고민되는 장면은 지위가 붙어 있을
때입니다. 자신이 높은 사람이면 이름 뒤에 지위를 붙여서 소개
하는 경우가 있습니다. "저는 아무개 국장입니다"라든가 "저는

무슨 회사에 아무개 사장입니다"라고 소개하는 것입니다. 어떤 가요, 자연스러운가요? 좀 어색하지 않은가요?

꽃

이런 경우를 자주 봅니다. 학생들 앞에서 자신을 아무개 교수라거나 아무개 선생님이라고 소개합니다. 대학에서는 자신을 아무개 학장이나 아무개 처장이라고 소개합니다. 교수끼리 서로 소개하는 자리에서도 자신을 무슨 과의 아무개 교수라고 소개하는 경우가 많습니다. 저는 무척 어색하게 들리는데, 사람들은 자주 들어서인지 덤덤하거나 오히려 이러한 표현을 자연스럽게 받아들이는 것 같습니다. 물론 자기소개를 하는 사람은 자신이 무엇을 잘못했는지 모를 것입니다. 만약 틀렸다는 것을 알고도 그렇게 소개한다면 정말 이상한 일이겠지요.

단순하게 설명하면 지위는 그 사람을 높여서 부를 때 쓰는 것이 일반적입니다. 따라서 보통은 자신이 아니라 다른 사람이 나를 소개해줄 때 붙이는 경우가 많습니다. 예를 들어 "오늘 강연을 해주실 분은 아무개 학장님이십니다"와 같은 표현을 쓰는 것이지요. 마찬가지로 아무개 교수, 아무개 사장, 아무개 실장 등도 당연히 다른 사람의 입을 통해서 나올 때 존경의 표현이 됩니다. 자신이 자신을 존경하는 모양새가 되면 어색하다는 뜻입니다.

자기 자신을 소개할 때는 이름 뒤에 지위를 붙이지 않습니다.

그럼 자신의 지위를 꼭 표시해야 할 때는 어떻게 해야 할까요? 이때는 "무슨 대학에 학장으로 있는 아무개입니다"라고 하거나 "무슨 회사의 대표 아무개입니다"라고 표현하면 됩니다. 이름을 소개하지 않아도 되는 자리라면 그냥 "무슨 부서의 무슨 과장입니다"라고 합니다. 제가 경희대학교 국제교육원 원장이었을 때라면 "경희대학교 국제교육원 원장입니다" "경희대학교 국제교육원에 원장으로 있는 조현용입니다" "국제교육원 원장 조현용입니다"와 같은 표현이 가능하겠지요.

물론 제가 원장인 것을 알지 않아도 되는 사람 앞에서는 굳이 원장이라는 표현도 할 필요가 없습니다. 그냥 "경희대학교 교수 조현용입니다"라고 표현하면 충분합니다. 한편 우리말에서는 직업명을 표현하는 것보다는 하는 일을 설명하는 경우가 많습니다. 예를 들어 농부라는 말보다는 농사를 짓는다는 말을 선호하지요. 그런 의미에서 교수라는 말보다는 가르치는 사람이라는 표현이 좋겠습니다. 제가 저를 소개할 때 가장 많이 쓰는 표현은 "경희대학교에서 국어를 가르치고 있는 조현용입니다" 또는 "한국어 어휘와 문화를 공부하고 있는 조현용입니다"라는 말입니다. 저를 가장 잘 나타내는 소개라고 생각합니다.

자기소개도 문화이고 예의입니다. 어떻게 소개하는가에 따라 자신의 태도나 수준을 보여주기도 합니다. 세상이 바뀌고 있으니 언젠가는 이런 소개 방식도 달라질 거라는 생각도 듭니다. 하지만 언제나 자신을 드러내는 태도에 대해서는 깊은 고민이 있었으면 좋겠습니다. 자기소개가 세상을 만나는 첫 방법이니까요.

올바른 자기소개

저는 조현용입니다.(O)

제 이름은 조현용입니다.(O)

경희대학교 교수 조현용입니다.(O)

무슨 대학에 학장으로 있는 아무개입니다.(O)

무슨 회사의 대표 아무개입니다.(O)

서방님과
호칭

요즘은 남편을 '오빠'라고 부르고, 남편의 누나를 '형님'이라는 호칭 대신에 '언니'라고 부르는 경우가 많습니다. 예전에는 어르신들이 호칭에 대해 꽤 엄하셨지만 지금은 '편하면 됐지 뭐' 하는 마음으로 특별히 뭐라고 하지 않는 것 같습니다. 호칭에 대한 견해는 집안마다 사람마다 차이가 있으니 어떤 게 옳고 그른지를 말하기는 쉽지 않습니다.

하지만 명확한 호칭이나 지칭을 알아둘 필요는 있습니다. 누구를 부르는지, 누구를 가리키는지 모른다면 더욱 복잡할 수밖에 없겠지요. 어머니라고 부르는 사람이 많고, 아버지라고 부르는 사람이 많으면 어떨까요? 물론 호칭이나 지칭이 복잡하면 익히고 사용할 때 힘이 듭니다. 너무 단순하지도 너무 복잡하지도 않은 적당한 정도의 구별이 필요할 것입니다. 언어가 사회적 산물이어서 쉽사리 바꾸기는 어렵겠지만 여러 사람의 뜻을 모으면 해결책이 나올 수 있습니다. 사회적 산물이라는 말에는 바꿀 수 있다는 의미도 담겨 있습니다.

우리말에서는 '서방님'이라는 호칭이 참 어렵습니다. 명절 때만 되면 사람들이 지칭과 호칭에 애를 먹습니다. 그중 최고 난이도는 아무래도 서방님이 아닐까 합니다. 누구에게 서방님이라고 불러야 하는가요? '서방님'을 표준국어대사전에서 찾아보면 '남편男便의 높임말, 결혼한 시동생을 이르거나 부르는 말, 손아래 시누이의 남편을 이르거나 부르는 말' 등으로 해석이 나옵니다.

여기에서 문제가 되는 것은 남편을 '서방님'이라고 부르는데, 시동생이나 시누이 남편도 서방님이라고 부른다는 점입니다. 남편을 부르는 호칭을 다른 사람에게도 사용한다면 어색하기 짝이 없는 일이 될 수 있습니다. 그러다보니 점점 남편에게도 서방님이라는 호칭이나 지칭을 사용하지 않게 되는 것 같습니다.

남편의 남자 동생을 결혼 전에는 '도련님'이라고 부르다가 결혼 후에는 '서방님'이라고 부릅니다. 그런데 지금은 '도련님'이라는 호칭은 써도 '서방님'은 거의 안 쓰는 듯합니다. 학생들에게 물어봐도 서방님이라는 호칭은 거의 들어본 적이 없다고 합니다. 엄격한 전통을 지닌 집안에서는 서방님이라고 부르라고 하는데, 부르는 이나 듣는 이나 어색해합니다. 나이 드신 분들은 서방님이라는 호칭을 사용하기도 하지만 젊은 사람들은 어색해하는 것 같습니다. 호칭이나 지칭이라고 하는 것이 정확하게 대상을 가리키는 것이어야 하는데 대상이 이렇게 불분명하면 계속 지속되기 어려울 것입니다.

요즘에는 남편을 부를 때는 '여보, 자기야' 정도의 표현을 사용하고, 가리킬 때는 '남편, 바깥양반, 바깥주인, 그이, 누구 아빠' 등을 사용합니다. 물론 '오빠'라는 표현도 널리 쓰이지요. 저는 '오빠'는 특정인이라고 보기 어렵다는 점에서 좋은 호칭은 아니라고 생각합니다. '친오빠'도 '동네 오빠'도 '학교 선배'도 오빠라고 하기 때문입니다. 남편을 다른 사람을 부르는 표현으로 부르는 것은 어쩐지 특별함이 없는 느낌입니다. 남편이나 아내는 서로에게 특별한 사람이라는 점을 기억했으면 좋겠습니다.

그래서 하나 제안을 하자면 남편을 서방님이라고 부르는 표현은 살리고, 시동생이나 시누이의 남편은 다른 호칭을 찾았으면 합니다. 시동생의 경우는 결혼하기 전의 호칭인 '도련님'을 이어서 사용하는 방식으로 하면 어떨까 하는 생각도 해봅니다. 서방님이라는 호칭을 사용하자고 주장한다기보다는 서방님을 특별한 호칭으로 남겨두자는 의미의 제안입니다. 아무튼 지금의 불편함과 혼란스러움은 해결할 필요가 있습니다. 여러 사람의 제안을 기대해봅니다.

우리말의 호칭

	남편
서방님	결혼한 시동생
	시누이의 남편

아내를
지칭할 때

아내를 나타내는 '와이프'라는 호칭이
우리말에 들어온 지 꽤 되었습니다. 하지
만 여전히 '와이프'는 우리말이 아닙니다. 외
래어도 아니고 그저 외국어에 불과합니다. 널리 사용되는 현실
에 비추어본다면 특이한 일이라고 할 수 있습니다. 아마도 아내
에 해당하는 말을 외국어로 부르는 것에 대한 거부감이 크기 때
문인 듯합니다.

하지만 제가 볼 때는 '아내, 처, 부인'이라는 표현보다 '와이프'
라는 표현이 현실에서는 훨씬 더 많이 쓰이고 있는 듯합니다. 자
신의 아내에 대해 이야기할 때 거의 대부분의 남편이 '내 와이

프'라고 말합니다. 종종 '내 마누라'라고 하는 사람도 있지만 그냥 과시 차원에서 하는 말이지요. 정작 부인이 있는 곳에서는 '마누라'라는 표현을 잘 안 합니다.

언제부터 '와이프'라는 표현이 쓰였는지는 정확하지 않지만 아주 오래된 일은 아닙니다. 몇십 년 전만 해도 '와이프'라는 말을 잘 사용하지 않았고, 초기에는 비교적 부인을 세련되게 부르려는 태도를 반영하고 있었습니다. 이렇게 부르면 왠지 남편인 자신까지 고상해지는 느낌을 받았을 것입니다. 하지만 시간이 지나면서 너 나 할 것 없이 '와이프'라는 말을 사용하게 되었고, 세련됨과는 거리가 먼 말이 되어버렸습니다.

또한 '와이프'라는 말이 특이한 점은 '허즈번드'라는 표현은 사용하지 않는다는 것입니다. 남편을 '허즈번드'라고 하는 사람은 거의 없습니다. 농담으로나 부를까 자기 남편을 남에게 소개할 때 '내 허즈번드'라고 하지는 않습니다. 보통 반대말이 있으면 같이 사용하는데 '와이프'는 예외인 셈이지요.

꽃

자기의 아내를 다른 사람 앞에서 이야기할 때 지칭이 좀 복잡하기는 합니다. '부인夫人'이라는 말은 남의 아내를 지칭할 때 쓰는 말이지 자기의 아내에게는 쓰지 않습니다. 즉 자기의 아내를

'내 부인'이라고 말하면 예의에 맞지 않는 표현이 됩니다. 조심해야 하는 표현입니다. '아내'라고 해야 맞습니다. '처妻'라고도 합니다. '안사람'이나 '집사람'도 자주 쓰는 표현입니다. 안사람이나 집사람이라는 말을 여성에 대한 차별적 의미로 받아들이는 경우도 있습니다. 아내의 역할을 집 안으로 한정한다고 보는 입장입니다.

옛사람들은 아내라는 표현보다는 '안식구'라는 말을 즐겨 썼습니다. 이 말도 좀 특이한 점이 있습니다. 왜냐하면 '바깥식구'라는 말은 잘 쓰지 않기 때문입니다. 대신 '바깥양반'이라고 합니다. 물론 '안양반'이라는 말도 쓰지 않습니다. '안식구'라는 말 대신에 '집식구'라는 말을 쓰기도 합니다. 이 말들에서 알 수 있는 것은 식구 중에서 대표적인 지위를 갖는 사람이 아내라는 점입니다. 사실 식구는 여러 명이 있지만 아내가 식구의 대표선수인 셈이지요.

아내를 부르는 또 다른 말로는 '안주인'이 있습니다. 이 말도 널리 쓰이지는 않는 듯싶습니다. 보통 안주인은 '집안의 여자 주인'을 나타내는데 종종 자신의 부인을 가리키는 말로도 쓰이는 것입니다. 안주인의 상대가 되는 '바깥주인'이 '집안의 남자 주인'이라는 의미와 '남편'을 가리키는 말로 굳어져 사용되는 것에 비하면 완전히 아내의 의미로 굳어져 있다고 보기에는 어려운 점이 있습니다. 하지만 바깥주인과 상대가 되는 표현이라는 점에서 안주인이라는 말도 널리 사용할 만하다고 생각합니다. 용어에서 안과 바깥을 차별의 개념이 아니라 차이의 개념으로 보면 어떨까 합니다.

저는 다른 이에게 아내를 소개할 때 '와이프'라는 표현은 쓰지 않습니다. 국어를 전공하고 있는 직업적인 측면도 강하겠지만 아무래도 와이프라고 부르면 아내에 대한 감정이 실리지가 않기 때문입니다. 그래서 대부분 '아내'라는 표현을 쓰고, 어른들 앞에서는 '집사람'이라고 합니다. 나이가 점점 들면서 '안주인'이라는 표현이 마음에 다가옵니다. 안주인이라고 하면 아내를 존중하는 느낌이 더 드는 것 같습니다. 가장 가까운 사이이지만 가장 존중해야 하는 사이도 부부가 아닐까 합니다.

아내를 호칭하는 말

내 부인(×)　　　아내, 처, 안사람, 집사람(O)

지명의 유래와
수수께끼

옛 역사서를 읽을 때 가장 먼저 눈이 가는 것은 지명地名입니다. 요즘 말과 얼마나 닮아 있는지 살펴보는 것은 어떤 수수께끼보다 재미있습니다. 퍼즐을 하나씩 맞추다가 갑자기 큰 그림이 드러났을 때 느끼는 기쁨이라고나 할까요? 우리나라의 어떤 도시를 방문할 때 그 도시의 이름에 관한 역사를 읽고 가는 것도 즐겁습니다. 그러면 마치 오래전부터 알던 곳을 방문하는 느낌이 납니다.

전주全州에 방문할 일이 있어서 전주에 관한 역사를 읽다가 지명에 생각이 닿았습니다. 주州라는 한자는 고을이나 땅이라는 어휘이기에 특별함은 없습니다. 그런데 전全이라는 한자는 완전하다는 의미를 담고 있어서 '완전한 고을'이라는 뜻이 됩니다. 이 말은 모두가 좋은 마을, 모두에게 좋은 마을이라는 의미가 됩니다. 참 좋은 뜻이지요.

전주라는 지명을 살펴보다가 전주의 옛 이름이 완주完州, 완산주完山州임이 생각났습니다. 보통 한자 지명은 순우리말 지명을 훈독訓讀하여 바꾼 경우가 많습니다. 즉 우리말과 같은 뜻의 한자로 바꾸었다는 의미입니다. 따라서 완산주의 순우리말은 알 수 없으나 완산주나 완주가 원래 지명은 아니었음은 분명합니다. 완주가 전주라는 이름으로 바뀐 것은 훈독의 원리에 비추어 보면 너무도 당연합니다. 완完이 곧 전全이기 때문이지요.

완과 전의 관계를 가장 잘 보여주는 어휘는 아이러니하게도 '완전完全'입니다. 완전이라는 말은 언어학에서는 같은 뜻의 말이 중첩되었다고 하여 동의중첩이라고 합니다. '완전'은 모자라거나 흠이 없음을 나타내는 어휘입니다. 그래서 우리는 완전이라는 어휘에 주로 '무결無缺하다'라는 말을 덧붙입니다. 완전무결하다는 표현은 그렇게 만들어졌습니다. 따라서 완주와 전주는 같은 우리말을 한자로 달리 표기한 것이라 할 수 있습니다.

'완전하다'와 비슷한 말 중에 '온전하다'가 있어서 흥미롭습니다. '온전하다'는 구성이 특이한 어휘입니다. '온'은 순우리말이고, '전'은 한자어이기 때문입니다. 앞에서 설명한 '완전'은 같은 뜻의 한자어가 합쳐진 말이지만 '온전'은 같은 뜻의 순우리말과 한자어가 합쳐진 어휘입니다. '온'과 '전'은 같은 의미의 단어입니다.

✣

그렇다면 완이나 전의 순우리말은 '온'이라는 추론이 가능할 수 있습니다. '온'은 온종일이나 온 세상, 온누리 등으로 표현할 수 있고 '모든, 완전히'의 의미를 담고 있습니다. 또한 '꽉 찬' '완전한' '전부의' 따위의 뜻을 더하는 접두사로도 쓰입니다(표준국어대사전).

한편 '온'은 형태상으로 볼 때 뒷말을 꾸미는 표현이라고 할 수 있습니다. 형용사의 관형형으로 볼 수 있는 것입니다. '헐다'와 '헌', '줄다'와 '준'의 관계를 보면 알 수 있습니다. 따라서 온과 관련이 있는 어휘로 '올다'를 찾을 수 있습니다. 그런데 현대어에는 '올다'라는 말이 없지요.

재미있는 것은 중세국어에는 '올다'가 완전하다는 의미로 나온다는 점입니다. 지금은 그 흔적이 '올바르다'나 '올곧다'에 남아 있습니다. '올바르다'를 '옳고 바르다'의 합성어로 보기도 하

나 '올다'라는 표현을 찾을 수 있다면 '올다'와 '바르다'의 합성
어로 보는 것이 더 타당합니다. 유창돈 선생은 《어휘사 연구》에
서 올다의 사용을 밝히고 있습니다. 올바르다는 완전히 바르다
는 뜻으로, 올곧다는 완전히 곧다는 의미로 볼 수 있습니다.

완전하다는 의미의 '온'을 백百을 나타내는 수사 '온'과 관계
짓는 논의도 있습니다. 백이라는 숫자가 단순히 숫자만이 아니
라 '많다' 또는 '모든'이라는 의미를 갖고 있기 때문입니다. '온
갖'은 백 가지라는 뜻에서 나온 말입니다. 여기에서 수수께끼를
하나 덧붙일 수 있겠습니다. 백제의 첫 임금은 이름이 온조溫祚
입니다. 여기에서 백과 온의 관련성은 없을까요? 아직 풀리지 않
은 수수께끼입니다. 전주의 지명을 통해서 지명의 유래를 찾아
가는 길을 살펴보았습니다.

전주라는 지명

전주全州 → 완전한 고을, '완'이나 '전'의 순우리말 '온'

모두가 좋은 마을, 모두에게 좋은 마을

숫자의 크기

우리의 이름과 성을 보면 숫자와 연관
이 있는 경우가 많아서 재미있습니다. 저는
외국 학생들에게 한국 성을 가르칠 때 수와 연
관시켜 기억하게 합니다. 이렇게 하면 수를 외우는 데도 도움이
되지요. '공'이나 '방(빵)'은 0과 관련이 있고, '한'은 1, '이'는 2,
'사'는 4, '오'는 5, '육'은 6, '구'는 9와 관련이 있다고 말합니다.
이때 슬쩍 농담으로 높은 숫자인 성이 좋은 성이라고 말하면 외
국 학생들은 정말인가 하는 표정을 짓습니다.

그러고는 '백'은 100과 관련이 있고, '천'은 1000과 관련이 있
다고 말합니다. 학생들은 1000에 해당하는 성이 있다는 것을 알

고 깜짝 놀랍니다. 마지막에 우리나라 성에 억의 만 배에 해당하는 '조'도 있다고 이야기합니다. 그제야 학생들은 제 성이 '조'씨임을 알고 웃음을 터뜨립니다.

숫자는 왜 필요할까요? 모든 사람들에게 숫자가 필요한 것처럼 이야기하지만 실제로 숫자가 발달한 언어는 많지 않습니다. 고유어로 숫자가 얼마까지 있는지 살펴보면 그 언어의 수 개념을 알 수 있습니다. 우리말에도 수는 현재 아흔아홉까지밖에 없습니다. 100 이상은 모두 한자어입니다. 물론 예전에는 100에 해당하는 '온'과 1000에 해당하는 '즈믄'이 있었습니다. '온갖'이라는 말은 백 가지라는 뜻이었습니다. '백'이라는 숫자가 얼마나 큰 숫자인지 알 수 있는 표현이지요. 한자어에도 '백화百花가 만발滿發하다'라는 표현이 있을 만큼 백은 작은 숫자가 아닙니다.

이제 우리말 '온'은 '모든'이라는 의미로도 쓰이게 되었습니다. 세상을 의미하는 '온누리'가 대표적인 단어이지요. '즈믄'이라는 단어는 이제는 더 이상 사용하지 않는 죽은 말이 되어버렸습니다. 단어도 생로병사가 있어서 태어났다가 죽기도 하는 것이지만, 왠지 숫자 천을 나타내던 순우리말 '즈믄'이 사라진 것은 아쉬움이 많이 남습니다. 우리가 많이 사용하여 부활(?)시켜

주면 어떨까 하는 생각도 해봅니다.

❀

　어떤 언어에는 숫자가 몇 개 없는 경우도 있다고 합니다. 농담처럼 '하나, 둘, 셋' 다음이 '많다'라고 하는 언어가 있다고 하는데 정말 그런지 확인해보고 싶습니다. 아이들에게 물어보면 가장 큰 숫자는 '10'인 듯싶습니다. 아이들에게는 '10'이 구체적으로 상상할 수 있는 가장 큰 숫자일 것입니다. 우리는 보통 수를 셀 때 손가락을 꼽는다고 하는데, 손가락을 꼽아 셀 수 있는 가장 큰 수가 10이기 때문이 아닐까 싶습니다. 물론 여러 번 손을 오므렸다 폈다 하면 더 많은 숫자를 셀 수도 있겠지만, 보통 그쯤 되면 몇을 세었는지 잊어버리기 십상입니다.

　아이들에게 '10'은 큰 숫자입니다. 저는 종종 아이들이 '10'이라고 말하는 것을 들을 때면 가슴이 아픕니다. 예전에 먼 길을 떠난 아버지를 그리워하는 아이들에게 어머니는 "열 밤만 자면 오실 거야"라고 했습니다. 아이들은 그 말을 믿었지만, 열 밤은 결코 줄어들지 않았지요. 한참이 지났는데도 또 열 밤이 남은 경우가 많았던 것입니다. 돈 벌러 가신 아버지는 쉬이 오지 않았습니다. 그저 열 밤이 지난다고 해결될 일이 아니었기에.

　요즘은 간절함을 이야기할 때 '천만번'이라는 표현을 사용합니다. 드라마 제목, 노래 가사, 시 구절에도 천만번이라는 말이 자주 등장합니다. 아마도 우리가 셀 수 있는 가장 큰 단위라는 생각이 드는 것 같습니다. 왠지 '억 번'이라는 말은 간절함에 어울리지 않는다는 느낌도 듭니다. 우리가 아는 수로 '조'나 '경'도 있지만 아주 큰 수라는 개념으로는 잘 사용되지 않습니다. 우리가 생각할 수 있는 단위가 아니기 때문입니다.

그러나 뭐니 뭐니 해도 가장 간절한 수는 역설적으로 '한 번'이 아닐까 합니다. '제발 한 번만'이라도 볼 수 있다면, '두 번 다시는' 바라지 않겠다는 애절함이 다가옵니다. 여러분은 한 번만이라도 꼭 해보고 싶은 것은 무엇인가요? 늦기 전에.

수에는 우리가 생각하는 세상의 크기가 담겨 있습니다. 우리가 세상을 바라보는 감정도 담겨 있습니다. 그 속에는 수없이 많은 별과 수없이 많은 사람들의 이야기가 담겨 있습니다.

우리말 수는 아흔아홉까지

100에 해당하는 온, 1000에 해당하는 즈믄

온은 '모든'이라는 뜻으로도 사용 → 온누리, 온 마을

반말의
거리

존댓말을 하면 거리감이 느껴지고, 반말을 하면 친밀함이 느껴진다고 합니다. 그래서 친한 사이에서는 일부러 반말을 하기도 합니다. 부모 자식 사이에도 마찬가지입니다. 저희 집 아이들은 어릴 때부터 부모에게 존댓말을 사용했습니다. 이웃 사람들이 놀라기도 하고 부러워하기도 했습니다. 아마도 요즘에는 자식이 부모에게 존댓말을 하는 경우가 많지 않기 때문일 것입니다. 부모의 입장에서 약간 으쓱하는 마음도 있었습니다.

그런데 아이들이 존댓말을 하면 부모와 거리감이 있을 수 있다는 말을 듣고 생각에 잠기게 되었습니다. 어쩌면 말 때문에 부모를 어려워할 수도 있겠구나 하는 생각이 들었던 것이지요. 존대의 마음을 늘 언어에 담아야 하는 것도 피곤할 것이고, 또 존댓말을 쓰면 어리광을 부리기가 쉽지 않을 수도 있습니다. 아이들에게 물어봤더니 존댓말과 반말은 상관이 없다고 말합니다. 마음이 중요하다는 것입니다.

❦

반말에도 종류가 많습니다. 친밀한 사람 사이의 반말과 그렇지 않은 사람의 반말은 많은 차이가 있습니다. 우리는 반말을 하면서 왜 반말을 하는지 생각해보지 않습니다. 나는 왜 반말을 하는가? 누구에게 반말을 할 것인가? 반말을 할 때 나의 마음가짐은 어떤가? 위압적인가? 얕보는 마음인가? 친밀함의 표시인가? 상대방은 내 반말을 어떻게 생각할까? 존댓말을 하는 나의 태도는 어떠한가? 아랫사람에게 존댓말을 하는 내 심리 상태는 무엇일까? 아예 서로 반말을 하는 것은 어떤가? 서로 존대하는 것은 어떤가? 생각해보아야 할 것이 많습니다.

반말과 존댓말이 정확하게 나뉘는 언어는 많지 않습니다. 일부 어휘에 존경의 표현이 있기는 하나 일반적인 대화에서도 반말과 존댓말을 구별하는 것은 아닙니다. 우리가 아는 주요 언어를 생각해보면 금방 알 수 있습니다. 상대에 따라 존댓말이 발달한 언어는 한국어와 일본어, 인도네시아의 자바어 정도입니다. 따라서 존댓말을 하는 언어가 오히려 특이한 언어가 된 셈입니다.

동물행동학에 관한 책(고바야시 도모미치, 《인간은 왜 박수를 치는가》)을 보다가 우리말의 반말에 대해서 더 깊이 생각해보게 되었습니다. 동물행동학이나 인간비교행동학을 연구하는 학자들은 강한 개체는 에너지를 조금 쓰려 하고, 약한 개체는 에너지를 많이 쓰게 된다는 주장을 하고 있습니다. 일리 있는 생각입니다.

존댓말에도 같은 논리를 적용해볼 수 있습니다. 윗사람은 반말을 씀으로써 에너지를 덜 소비하게 되고, 아랫사람은 존댓말을 써서 에너지를 더 많이 쓰게 됩니다. 아랫사람이 더 많은 행동을 하게 되는 원리와 같습니다. 일반적으로 아랫사람은 바삐 움직이고, 윗사람은 동작이 느립니다. 말도 느리고 짧습니다.

반말은 반만 말하는 것입니다. 말이 짧아지는 게 반말을 의미하는 것도 그래서입니다. 존대를 나타내는 어휘를 살펴보면 '말과 말씀, 병과 병환, 묻다와 여쭙다, 밥과 진지' 등 높임말이 긴 편입니다. 또한 듣는 사람이 누구냐에 따라 말이 어떻게 달라지는지를 보면 반만 말한다는 것이 금방 이해가 됩니다. 명령을 표현하는 '웃어/웃어요/웃으십시오'를 보면 말이 길어질수록 존대가 되고 짧아질수록 반말이 됩니다.

존댓말은 길게 돌려 말하는 것입니다. 존대의 의미를 나타내는 '-(으)시-'를 어미 앞에 붙이는 것도 길게 말하는 것이 존대가 된다는 것을 보여줍니다. 윗사람에게 나의 에너지를 쓰고 있다는 것을 보여주는 것이라 할 수 있지요. '아프다'를 '편하지 않다(편찮다)'로 돌려서 말하고 '죽다'를 '돌아가시다', '먹다'를 '드시다(들다)'로 표현하는 것도 그러한 이유입니다. 돌려서 말하다 보면 말이 많아지고 길어질 수밖에 없습니다.

꽃

반말에도 존댓말에도 숨어 있는 태도가 있습니다. 숨어 있지만 느낌으로 전달되는 태도이기도 하지요. 일반적으로 낮은 목소리는 위압적입니다. 위엄을 나타내려고 할 때 목소리를 깔게 됩니다. 윗사람 앞에서는 존댓말을 할 때 목소리를 깔지 않습니다. 낮게 깔리는 목소리로 하는 존댓말은 여전히 고압적일 수 있습니다. 반면 밝은 목소리의 존댓말은 기분이 좋아집니다. 반말도 밝은 목소리일 때는 전혀 느낌이 다릅니다. 종종 아랫사람에게 존댓말을 하면서도 거만하지는 않은지 생각해볼 일입니다.

같은 반말이라고 해도 '해라'보다는 '해'가 가볍습니다. 또 같은 존댓말이라도 '하십시오'보다는 '해요'가 가볍지요. 격식체에 '해라'나 '하십시오'가 쓰이고, 비격식체에 '해'나 '해요'가 쓰이는 이유도 그래서일 것입니다. 내가 사용하는 말을 잘 들여다보면 사람에 대한 나의 태도를 알 수 있습니다. 서로에게 편안함과 기쁨이 되는 언어생활이었으면 합니다.

짧을수록 반말, 길수록 존대

말/말씀   병/병환   묻다/여쭙다

웃어/웃어요/웃으십시오

존대를 나타내는 '-(으)시'

받침의
비밀

어떤 소리인가에 따라 어휘의 느낌이
달라질 수 있을까요? 우리는 어떤 소리를
더 좋은 소리라고 생각할까요? 음운에 대해
서 공부하다보면 소리의 특성에 따라 느낌이 달라지는 경우가
있어 흥미롭습니다. 우리가 잘 아는 '거센소리, 된소리, 예사소
리'는 어떤 소리인가에 따라 느낌이 전혀 다릅니다. '감감하다'
와 '깜깜하다', '캄캄하다'의 강도가 다르게 다가오는 것입니다.
　모음의 경우는 더 규칙적입니다. 밝은 소리와 어두운 소리가
있습니다. 이른바 모음조화입니다. '찰랑'과 '출렁', '발발'과 '벌
벌'의 느낌이 명확히 구별됩니다. 그래서 '아 다르고 어 다르다'

라는 속담도 있는 것입니다. 모음의 차이만으로도 느낌이 달라질 수 있음을 보여준 언어학적인 속담이라고 할 수 있습니다. 어감의 미묘한 차이를 발견한 속담이 있다는 것은 우리 선조들의 탁월한 언어학적인 감각을 보여줍니다.

₩

받침의 경우에도 느낌이 명확하게 다가옵니다. 받침이 'ㄱ, ㄷ, ㅂ'인 어휘는 왠지 지속적이지 않은 느낌입니다. 막힌 느낌, 끝의 느낌, 답답한 느낌이랄까요. '막히다, 끝, 답답하다'의 받침을 생각해보세요. 단어를 발음만 해봐도 그 느낌을 알 수 있을 것 같습니다. 우리 주변의 단어 중에서 'ㄱ, ㄷ, ㅂ'으로 소리 나는 받침의 예를 생각해보세요. 물론 모든 어휘가 예외 없이 이런 것은 아니지만 비교적 일리 있는 접근입니다.

받침이 울림소리일 때는 무언가가 계속되는 느낌을 줍니다. 울림소리는 발음을 했을 때 계속되는 소리이기 때문입니다. 'ㄴ, ㄹ, ㅁ, ㅇ' 소리가 여기에 해당합니다.

우리나라 사람들은 이름을 지을 때도 받침에 울림소리가 오는 걸 좋아하는 것 같습니다. 특히 '니은' 음을 좋아하는 경향이 있습니다. 2008년 신생아의 이름으로 가장 인기 있던 이름 남녀 각 열 개 중 무려 95퍼센트가 니은 받침이 있어서 놀란 적이 있습니다. 남자는 민준, 지훈, 현우, 준서, 우진, 건우, 예준, 현준, 도현, 동현 순으로 100퍼센트 니은 받침이 있습니다. 여자는 서연, 민서, 지민, 서현, 서윤, 예은, 하은, 지우, 수빈, 윤서의 순서입니다. '지우'만 니은 받침이 없네요. 아마 여러분의 가족이나 주변 사람 중에도 이름에 니은 받침이 포함된 사람이 많을 것입니다.

시詩에서는 울림소리를 받침에 쓰면 여운을 길게 할 수 있습니다. 시를 찾아보면 주로 행이나 연의 끝에 울림소리 받침이 오는 경우가 많음을 발견하게 될 것입니다. 이러한 받침이 아니라면 모음으로 끝나는 경우가 대부분입니다. 모음 역시 울림소리이니까요.

죽는 날까지
하늘을 우러러
한 점 부끄럼 없기를
잎새에 이는 바람에도
나는 괴로워했다

_ 윤동주, 〈서시〉 중에서

나 보기가 역겨워

가실 때에는

말없이 고이 보내

드리오리다

_ 김소월, 〈진달래꽃〉 중에서

우리말의 조사를 살펴보면 대부분 울림소리로 끝납니다. '은, 는, 이, 가, 을, 를, 만, 도, 까지, 조차, 아, 야' 등을 보세요. 조사는 보통 말의 한 마디가 끝남을 나타냅니다. 하지만 다음 이야기를 이어가는 역할도 합니다. 그래서 울림소리를 써야 다음 말을 잇기가 자연스럽습니다. 아이들은 다음 이야기가 금방 생각나지 않을 때 조사를 길게 끌곤 합니다. '내가~ 학교에서~ 친구들하고~ 밥을~ 먹고 있는데~'와 같이 말입니다.

받침 중에서 가장 재미있는 것은 'ㄱ'과 'ㄹ' 발음의 받침입니다. '막다, 꺾다, 꽉, 뚝, 탁' 등에서 받침 'ㄱ'은 막혀 있고 끝나버린 느낌입니다. 더 이상 계속되지 않고 꺾인 느낌을 주는 것이지요. 우리말에서 '죽다'가 기역 받침인 것은 우연이 아닐 것입니다. 이승의 삶이 끝났음을 보여준다고 할 수 있습니다.

반면 'ㄹ' 받침은 흘러가는 느낌을 줍니다. 지속적인 느낌이 있습니다. 흘러가고, 올라가고, 굴러가고, 돌아가는 것 같습니다. 벌써 눈치챘겠지만 '살다'는 'ㄹ' 받침입니다. 삶은 움직이는 것이고 나아가는 것이며 변화하는 것입니다.

받침은 단순히 받침이 아닙니다. 발음을 그렇게 하는 데는 이유가 있습니다. 우리는 언어를 이야기하면서 언어가 왜 그렇게 되었는지에 대해서 큰 관심이 없습니다. 받침이 보여주는 세상에 눈을 돌려볼 필요가 있습니다.

막혀 있는 받침/흘러가는 받침

막혀 있는 ㄱ, ㄷ, ㅂ

→ 막히다, 끝, 답답하다, 죽다

흘러가는 ㄴ, ㄹ, ㅁ, ㅇ

→ 흘러가고, 굴러가고, 돌아가고, (바람이) 불다, 살다

단어 순서의
친밀함

　　우리는 별 생각 없이 이야기하지만 그 속에 담긴 뜻은 생각 외로 놀라울 때가 있습니다. 아마도 이런 현상을 살펴보는 것이 언어학을 하는 즐거움이겠지요. 사람의 심리나 사회의 인식 등이 고스란히 언어 속에 담겨 있기도 합니다. 언어가 곧 사람이라는 말, 언어가 곧 사회라는 말은 그래서 나왔을 것입니다.

　　두 단어가 합쳐져서 하나의 단어가 되는 경우나 두 개 이상의 단어를 나열해서 이야기해야 하는 경우가 있습니다. 이때 단어의 순서는 친근함의 표시입니다. 무엇을 이야기할 때 자신도 모르게 가까운 것을 먼저 이야기합니다. '엄마아빠', '여기저기'가 대표적인 예입니다. 엄마가 아빠보다 가깝고, 여기가 저기보다 가깝습니다. 단순하지만 재미있는 현상이라고 할 수 있습니다. 그래서 자기가 속한 집단이 앞에 나오게 하려고 애를 씁니다. 순서는 중요도를 의미하기도 합니다.

학교의 이름을 쓸 때도 자기중심적 태도가 나타납니다. 연고전인지 고연전인지는 다른 학교 사람은 전혀 관심이 없지만 두 학교 사람들은 순서 때문에 난리입니다. 학교를 부르는 순서에 일희일비하기도 하니 단순한 문제가 아닌 것이지요. 이는 학교뿐만 아니라 회사, 신문사 등 모든 순서에 적용됩니다.

***

이것은 나라의 순서에도 그대로 적용됩니다. 한국과 일본, 한국과 미국, 한국과 중국을 이야기할 때 한일, 한미, 한중이라고 하지 일한, 미한, 중한이라고 하지는 않습니다. 한국 사람이 이렇게 이야기한다면 매국노 취급을 받을 수도 있습니다. 물론 외교적으로 이야기할 때는 상대를 예우해서 상대를 먼저 지칭할 수도 있습니다.

그런데 나라 순서에 우리의 관점이 들어가면서 종종 복잡한 양상이 될 때가 있습니다. 여러분은 일본, 중국, 미국 중에서 어떤 나라를 친근하게 생각하나요? 앞에서 이야기한 것처럼 나라의 순서를 써보면 금방 알 수 있습니다. 일본과 미국은 일미인가요, 미일인가요? 중국과 미국은 중미인가요, 미중인가요? 일본과 중국은 어떤가요? 아마 대부분은 미일, 미중, 중일이라고 쓸 것입니다. 우리가 모르는 사이에 순서를 매기고 있는 것이지요. 어쩌면 친근감보다는 센 나라를 앞에 두었을 수도 있겠다는 생각도 듭니다.

우리나라를 포함해서 세 나라를 표현하는 경우에도 이런 관점이 그대로 적용됩니다. 한미일, 한중일, 한미중이라고 표현하는 게 익숙합니다. 하지만 각각의 나라 사람이 함께 있는 자리라면 이런 순서 매김이 불편하거나 불쾌할 수 있습니다. 조심할 필요가 있습니다. 이럴 때는 한미일, 한일미 또는 한일중, 한중일을 섞어가면서 쓰는 것은 어떨까요?

그럼 일본이나 중국에서는 세 나라 이상일 때 한국을 어디에 놓을까요? 예상했을지 모르나 모두 맨 뒤에 한국을 씁니다. 일본에서는 일중한, 중국에서는 중일한이라고 표현합니다. 좀 자존심 상하는 일이지요. 그래서 저는 자신의 나라는 앞에 쓰더라도 다른 나라의 이름 순서는 고정하지 않았으면 합니다. 우리가 자존심이 상하는 것처럼 그들도 기분이 좋지 않을 수 있습니다.

이렇게 순서에는 관점이 들어가 있습니다. 중요도나 친근감도 마찬가지입니다. 순서를 이야기할 때 조심해야 하는 이유입니다. 두 개 이상을 나열할 때 어떤 순서로 하는지 살펴보면 나의 관점을 들여다볼 수 있습니다. 여러분은 두 명 이상의 친구 이름을 말할 때 누구의 이름부터 이야기하나요?

가까운 것이 먼저 오는 단어 순서

엄마아빠, 형누나, 언니오빠	여기저기, 이곳저곳
한일, 한미, 한중	한미일, 한중일, 한미중

표준어의 비밀

표준어라는 말은 조금 이상합니다. 말은 원래 자연스러운 것이고, 변화하는 것인데 표준을 정해놓고 다른 말은 틀리다고 하니 이상할 수밖에 없습니다. 어떤 말은 표준이고, 어떤 말은 비표준이라는 발상도 좋은 것은 아닙니다. 그런데도 왜 표준어를 정했을까요?

일단 표준어는 사투리와 구별하기 위한 의도로 보입니다. 서로의 말이 잘 안 통할 경우 기준이 되는 말을 만들려고 한 것이지요. 이렇게 표준어가 있지만 여전히 사투리를 쓰는 사람들도 많습니다. 서로 다른 사투리로 이야기해도 이해가 전혀 안 되는 것도 아닙니다. 따라서 두 언어를 자연스럽게 두면 저절로 조정이 이루어지지 않을까 하는 생각도 해봅니다.

표준어에 속한다는 말을 잘 들어보면 우리가 잘 쓰지 않는 말도 많습니다. 자주 쓰는 어떤 말은 틀리다고 하고, 잘 쓰지 않는 말을 표준어라고 하니 혼동이 될 수밖에 없습니다. 사람들이 다 아는 말을 표준국어대사전에서 찾아보면 나오지 않는 예도 많습니다. 종종 농담으로 국어 시험 문제용으로는 표준어가 매우 유용하다는 말도 합니다. 북한에서는 표준어 대신 문화어라고 하고, 나름의 기준을 세워놓고 통일된 언어 사용을 요구하고 있습니다. 그러나 문화어라는 말도 이상하긴 마찬가지입니다. 문화어가 아니면 비문화어라는 말인데, 정말 그럴까요?

표준어를 정하는 기준은 세 가지입니다. 첫째, 서울말이어야 합니다. 둘째, 현대 말이어야 합니다. 셋째, 교양 있는 사람이 하는 말이어야 합니다. 표준어의 정의에 대해서 강의할 때마다 웃음이 나옵니다. 그 이유는 셋째 기준인 교양 있는 사람이 하는 말이어야 한다는 것 때문입니다. 대체 교양의 기준이 무엇인가요? 여러분이 하는 말은 표준어인가요? 우리는 교양 있는 사람인가요? 교양을 기준으로 삼았다는 점에서 표준어의 모호함이 있습니다.

서울말이어야 한다는 점도 논란거리입니다. 서울에서 산다고 해서 모두 표준어 사용자라고 할 수는 없습니다. 현재 서울에는 천만의 인구가 살고 있습니다. 이 사람들이 하는 말은 모두 표준어 기준에 부합할까요?

서울말이라는 말에는 몇 가지 고려할 점이 있습니다. 우선은 서울에서 태어나서 지금까지 살아야 합니다. 학자들이 지역 방언에 대해서 연구할 때도 타 지역의 이주 경험을 중요하게 검토합니다. 다른 지역의 언어가 묻어 있을 수 있기 때문이지요.

또한 자신은 서울에서 태어났지만 부모님의 영향을 받았을 수 있기 때문에 부모님의 출신지도 중요합니다. 서울에서 태어나 평생을 살았지만 경상도 사투리를 쓰는 사람도 본 적이 있습니다. 가족이 모두 경상도 사투리를 쓰니 어쩌면 자연스러운 현상이겠지요. 따라서 서울말이라 함은 본인은 물론 부모까지 서울에서 태어나야 합니다. 엄밀하게 말하면 3대가 서울 사람이어야 하는 것입니다.

현대 말이라는 점도 논란이 됩니다. 왜냐하면 우리 모두는 현대를 사는 사람이기 때문입니다. 그러면 서울에서 3대가 살았고, 교양이 있다면 모두 표준어 사용자가 될 수 있을까요? 실제 상황을 보면 그렇지 않은 경우가 많습니다. 여기에서 '현대'라는 말의 비밀이 있습니다. 표준어는 보수적인 개념입니다. 표준어는 말은 그래야 한다고 이야기하는 규칙입니다. 따라서 젊은이의 말은 아닙니다. 청소년의 말은 더더욱 아닙니다. 보통은 60세 이상이 쓰는 말이 현대 말의 기준이 됩니다. 엄밀하게 연령으로 나누기는 어렵지만 그 정도라고 생각하면 비슷합니다.

표준어는 서울에서 3대쯤 산 60세 정도인 사람이 교양을 갖추어 이야기할 때 기준이 됩니다. 그냥 서울, 현대, 교양이 아닙니다. 표준어는 모든 지역, 모든 세대, 모든 계층을 대표하는 언어가 아닙니다. 그래서 사람들은 여전히 사투리를 쓰고, 은어와 유행어를 쓰고, 속어를 씁니다. 하지만 표준어를 사용하되, 다양성이라는 측면도 늘 고민해야 합니다. 다른 것을 비표준이라며 배척하는 것은 아닌지 반성하면서 말입니다.

상상의 세계로 이끄는 사투리

사투리는 고쳐야 하는 말이 아니라 잘 보존하고 발전시켜야 하는 말입니다. 사투리를 할 수 있는 사람은 복 받은 것입니다. 서울에서 태어난 저는 사투리를 쓰는 사람이 부럽습니다. 그래서인지 사투리 공부가 더 재미있습니다. 기회가 되면 시골의 어르신들과 오랫동안 사투리에 대해 이야기를 나누어보고 싶습니다. 지금은 그렇게까지는 하지 못하고 방언사전을 보면서 상상과 현실의 양쪽 나래를 펼쳐봅니다. 그러면 사투리로 날게 됩니다. 언어의 하늘을.

신체나 병과 관련된 사투리에서 언어의 수수께끼를 풀 실마리를 찾게 되는 경우가 있습니다. '눈초리'라는 말은 사투리에서

눈꼬리로 나타납니다. 초리와 꼬리의 연관성을 생각해보게 됩니다. '눈까풀'을 눈뚜껑이라고 하는 곳도 있습니다. 뚜껑이라고 표현하는 방식이 재미있습니다. 글이나 말에서 살려 쓰면 좋겠다는 생각이 듭니다.

가장 흥미로운 사투리는 '다리'에 해당하는 것입니다. 다리를 제주에서는 '가달'이라고도 하는데, 이는 〈처용가〉의 수수께끼를 풀어줄 수도 있습니다. 〈처용가〉에 가달이 넷이라는 부분이 나오는데, 가랑이가 넷이라는 설명으로는 풀 수 없었기 때문입니다. 분명 다리가 넷이어야 맞는 해석이 됩니다. 그런데 가달의 흔적이 제주어에 남아 있는 것이지요.

'대머리'의 경우도 재미있습니다. 단어의 구조상 '대+머리'이므로 '대'가 머리카락이 없다는 뜻일 것으로 추측이 가능합니다. 하지만 방언을 살펴보면 전혀 다른 접근도 가능함을 알 수 있습니다. 예를 들어 대머리의 사투리로는 '번대머리, 번대, 뻔들머리, 민대머리' 등이 나타납니다.

여기에서 '대'의 의미를 머리카락이 없다는 뜻으로 볼 가능성은 희박합니다. 왜냐하면 '번'은 보통 빛을 의미하기 때문에 '번대머리'는 빛나는 머리로 볼 수 있습니다. 오히려 '대'를 머리의 뜻으로 보아야 하지 않을까 싶습니다. 특히 '번대'는 더 그렇게 볼 가능성을 높입니다. '민대머리'도 '민'이라는 말은 민둥산, 민머리 등에서 볼 수 있듯이 아무것도 없다는 의미가 됩니다. '대' 때문에 머리카락이 없다는 뜻이 된 것이 아님을 추론해볼 수 있습니다. 이러한 추론을 바탕으로 '대가리, 대갈빡' 등의 어휘를 살펴볼 수 있습니다. 이 어휘들은 그냥 머리를 의미합니다. 머리카락과는 아무 상관이 없습니다.

　병에 대한 것 중에서 '이질痢疾'을 '피배앓이'라고 하는 곳도 있어서 흥미롭습니다. 한자어를 순우리말로 바꿀 때 참고한다면 민중의 언어 의식과 삶의 모습을 좀 더 반영할 수 있지 않을까 합니다. 우리 조상들은 병을 높여 부르는 경우가 많았습니다. 가장 대표적인 어휘가 '마마'입니다. 보통 천연두나 홍역을 마마, 손님 등으로 불렀습니다. 그런데 재미있는 것은 마마 대신에 '마누라, 큰마누라'라고 부르는 곳이 있다는 점입니다. 여기에서 마누라는 아내의 의미가 아니라 극존칭의 의미입니다. 우리말에서 아내를 나타내는 '마누라'의 근원 역시 극존칭에서 왔습니다.
　'버짐'을 버듬이라고 하는 곳도 있습니다. 발음으로 보면 비듬과의 관련성이 느껴집니다. 얼굴 등에 나서 부스러기가 떨어지는 것을 버짐이라고 한다면 머리에서 부스러기가 떨어지는 것은 비듬이라고 볼 수 있기 때문입니다. 그런데 재미있는 것은 비듬의 방언에도 비짐이 나타난다는 점입니다. 함경도에서 나타나는데, 버짐과의 연관성을 살필 수 있는 중요한 자료가 됩니다. 서로의 방언이 연관성의 고리가 되는 예인 것이지요.

'볼거리'는 볼이 붓는 병입니다. 여기에서 '거리'는 병의 뜻으로 추론해볼 수 있습니다. 그런데 방언에 '학질'을 '말거리'라고하는 경우가 나타납니다. 거리가 병일 가능성을 높여주는 것이지요. '월경'을 순우리말로 '달거리'라고 하는데 여기의 거리도병의 의미입니다. 우리 조상들은 달거리를 병으로 본 것입니다.

이 밖에도 사투리는 우리를 상상의 세계로 이끕니다. 예를 들어 '배꼽'을 배꾸멍이라고 하는 곳도 있습니다. 어찌 보면 배의구멍이니 이 표현이 정확하구나 하는 생각도 듭니다. '손뼉'을손바닥으로 표현하는 곳도 있습니다. 손뼉을 치는 것이 곧 손바닥을 치는 것임을 새삼 깨닫게 됩니다. 한편 손뼉은 '손+벽'의구조이므로 '벽과 바닥'의 관련성도 생각해보게 됩니다. 집에도'벽과 바닥'이 있지 않나요? '머리숱'을 '머리숲'이라고 표현하는곳도 있습니다. 숱과 숲의 연관성을 고민해보게 됩니다. '식은땀'이라는 말을 헛땀으로도 표현합니다. 땀이 식었다는 표현도 재미있지만 쓸데없이 흘렸다는 의미의 헛땀도 흥미롭습니다. 가능하면 둘 다 살려 쓰면 좋을 듯합니다.

하나 더 이야기하면 '입천장'에 대한 사투리입니다. 입천장을 사투리에서는 '입하늘'이라고 표현하기도 합니다. 입에 있는 천장보다 입에 있는 하늘이 훨씬 부드럽지 않은가요? 살려 쓰고 싶고 자주 쓰고 싶은 사투리입니다. 사투리는 보물창고입니다. 사투리를 더 살려 쓸 방안들에 대해 고민이 필요한 때입니다. 자칫하면 다 사라집니다. 창고가 텅 비어버립니다.

조선어라는 말

우리는 고구려 말을 고구려어라고 하고, 백제 말을 백제어라고 하며, 신라 말은 신라어라고 합니다. 물론 고려 말은 고려어라고 하지요. 그런데 조선 말은 조선어라고 하기에는 좀 거리낌이 있습니다. 왜냐하면 조선이 하나가 아니기 때문입니다. 이성계가 세운 조선이 있고, 지금 북쪽에 있는 조선이 있습니다. 조선어라고 하면 무엇을 의미할까요?

우리는 한국어라는 명칭이 일반적인 것으로 생각하지만 종종 사용에 어려움을 겪습니다. 왜냐하면 한국어는 정확히 말하면 한국의 말이기 때문입니다. 이는 조선의 말이 조선어인 것과 같습니다. 따라서 북쪽의 말은 한국어가 아니며, 고려시대의 말이나 삼국시대의 말도 한국어가 아닙니다. 생각보다는 어렵습니다. 물론 북쪽을 국가로 인정하느냐에 따라 다양한 입장이 있을 수 있습니다.

앞으로 남북의 화해가 계속되고, 언어에 대한 다양한 연구가 이루어지려면 '북한, 북한어, 한국, 한국어, 조선, 조선어, 남조선, 남조선어' 등의 용어 사용에 대한 정의 및 합의가 있어야 할 것 같습니다. 최근에도 '북미, 미북, 조미' 회담에 대한 다양한 의견이 있었습니다. 우리는 당연히 북미라고 했지만 북쪽을 국가로 인정한다면 조미가 맞는다는 의견도 있었습니다. 북쪽보다 미국을 중요하게 생각하는 입장에서는 '미북'이라는 표현을 선호했습니다.

북한을 국가로 인정하지 않는 입장에서라면 북한이라는 용어가 맞을 것입니다. 마찬가지의 입장에서라면 남조선이라는 표현도 맞을 것으로 보입니다. 북한에서도 남쪽을 괴뢰 집단으로 보기 때문입니다. 괴뢰傀儡라는 말은 꼭두각시라는 뜻입니다. 하지만 양측을 국가로 인정하는 입장이라면 표현에 더욱 신중해야 할 것입니다. 특히 학문적인 입장에서는 더욱 그러합니다. 저는 북한이 국가라는 현실적인 인식에 바탕을 둔다면 조선이라는 국명을 용어로 사용하는 것이 맞다고 봅니다. 조선에서 사용하는 말 역시 조선어라는 용어가 적절할 것입니다.

한국어라는 용어의 사용을 불편하게 생각하는 곳이 많습니다. 특히 조선과 교류가 있는 중국의 학자들은 한국어라는 용어가 불편할 수도 있을 것입니다. 중국에서는 조선족의 말을 '중국조선어'라는 용어로 칭하기도 합니다. 일본에서도 '한국어, 조선어, 코리아어' 등으로 혼용합니다. 코리아어가 고민 끝에 나온 표현이라고 할 수 있습니다. 남쪽도 북쪽도 아닌 명칭이 필요했던 것입니다. 우리가 남북 단일팀을 구성하면 코리아기를 드는 것도 명칭에 대한 고민 때문일 것입니다. 코리아가 점점 남북한을 아우르는 개념으로 사용되는 듯합니다.

하지만 코리아라는 말이 우리말이 아니어서 좀 부담스럽기도 합니다. 이왕이면 우리말에서 적절한 어휘를 찾아서 사용하면 좋을 것 같습니다. 우리말 관련 학회에서는 한말, 배달말 등으로 쓰기도 합니다. 글이 한글이니까 말은 한말이라고 하는 게 어떤가 하는 입장도 있는 것 같습니다. 물론 한국의 한과 겹치는 부분이 있어서 서로의 이해가 먼저 이루어져야 할 것입니다.

남북의 언어는 이질화가 이루어졌지만 생각보다는 심각한 수준은 아닌 것 같습니다. 남쪽 사람이 북쪽의 방송을 이해하는 데 큰 어려움이 없고, 북쪽에서도 남쪽의 드라마를 보는 데 큰 어려움이 없는 듯합니다. 어찌 보면 경상도나 전라도 방언보다 이해하기 쉬운 게 아닌가 합니다. 당연히 두 개의 언어라기보다는 방언의 성격이 강하다고 할 수 있겠지요. 이질화되어 있는 부분에 대한 서로의 인식이 이루어지면 소통에도 큰 어려움은 없을 것입니다.

앞으로 더 자주 만나고, 더 널리 소통한다면 한국어냐 조선어냐에 대한 명칭의 고민도 사라질 수 있을 것입니다. 한동안 논의하기조차 껄끄러웠던 문제를 이렇게 드러내놓고 이야기할 수 있는 것만 해도 세상이 많이 변했다는 생각이 듭니다. 언어는 소통의 시작입니다.

지명으로 풀어보는 고구려어

고구려 사람은 어떤 말을 사용했을까
요? 백제나 신라 사람은 어떤 말을 썼을
까요? 궁금하지만 밝혀내기는 쉽지 않습니
다. 지금 사용하는 방언이 일부 흔적이 될 수 있을 것 같습니다.
아마도 신라어는 경상도 말과 백제어는 전라도 말과 관련이 있
을 것으로 보입니다. 고구려어는 평안도 방언이나 함경도 방언
과 관련성을 찾아볼 수 있겠지요. 물론 당시 자료를 찾아보는 것
도 좋은 방법입니다. 그런데 당시에는 한글이 없어서 소리 나는
대로 표기하기가 어려웠습니다.

훈민정음이 창제되기 전까지는 우리말을 표현하는 방법이 전
혀 없었을까요? 물론 잘 알다시피 우리는 한자를 이용하여 생각

을 표현했습니다. 하지만 한자는 표의 문자, 즉 뜻을 나타내는 문자여서 정확한 발음을 표현했다고 보기는 어렵습니다. 그래서 향찰이나 이두, 구결과 같은 방법으로 우리말을 소리 나는 대로 쓰고 우리 어휘나 문법에 맞추어 표현하려고 했습니다. 하지만 그 어휘의 숫자가 많지 않아서 정확한 소리를 찾아내기가 보통 어려운 일이 아닙니다.

《삼국사기》나 《삼국유사》를 찾아보면 지명이 두 가지로 표현되는 경우가 있어서 흥미롭습니다. 예를 들어 한자로는 무엇이라고 하는데 원래는 무엇이라고 불렀다는 식의 서술이 그것입니다. 이 경우 원래 지명의 의미를 알 수 있는 방법이 생기는 것입니다. 특히 신라 경덕왕 때 순우리말 지명을 한자어로 바꾼 경우가 많아서 실마리를 찾을 수 있는 방법이 지명에서 발견되는 것이지요. 지명이 옛말의 보고寶庫인 셈입니다.

《삼국사기》 권 제37 잡지雜志에 보면 많은 고구려어의 실마리를 찾을 수 있습니다. 당시의 한자음을 정확히 알기 어려워서 요즘의 한자음으로 설명해보겠습니다. 한자도 설명에 필요한 한자만 주로 제시해보겠습니다. 고구려어의 모습을 떠올려보기 바랍니다. 한산주의 지명을 설명하면서 물에 해당하는 지명들을 제시하는데 '매홀'을 수성水城으로 바꾸었다고 설명하고 있습니다.

발음은 정확히 제시하기 어려우나 '매'는 물의 뜻에 해당하는 고구려어, '홀'은 성의 뜻에 해당하는 고구려어로 볼 수 있습니다. '매성군買省郡'을 '마홀馬忽'이라고도 하는데, '매'를 '마'로도 읽을 수 있음을 보여줍니다.

지명을 통해서 고구려의 수사를 찾아볼 수 있다는 사실 또한 매우 흥미롭습니다. 특히 일본어의 수사와 유사성이 있어서 국어학자와 일본어학자를 흥분시키기도 했습니다. 예를 들어 '칠중현七重縣'은 다른 말로 '난은별難隱別'이라고 하는데 '칠七'을 '난은'이라고 읽고 있어 일본어의 '나나nana'와의 관련성을 찾을 수 있습니다. '십곡현十谷縣'은 '덕돈홀德頓忽'이라고도 하는데, '십十'을 '덕'이라고 하고, 골짜기를 '돈'이라고 했음을 추측할 수 있습니다.

덕은 일본어의 'to'와 연관됩니다. 곡谷, 골짜기를 의미하는 돈은 일본어 'tani'와 관련성을 찾을 수 있습니다. '오곡군伍谷郡'은 '우차탄홀于次呑忽'에서 온 말인데 '오伍'는 '우차'와 '곡'은 '탄'과 '군'은 '홀'과 관련됩니다. 앞에서 말했듯이 '곡'은 '돈, 탄'과 연결됩니다. '홀'은 성의 뜻이므로 당연히 '군郡'과도 관련이 있다고 볼 수 있습니다. 5는 일본어로 'ichu'입니다. '삼현현三峴縣'은 '밀파혜密波兮'에서 온 말입니다. '삼三'은 '밀'과 관련이 있습니다. 일본어에서는 3이 'mitchu'입니다.

색깔에서도 수수께끼를 찾을 수 있습니다. '흑양군黑壤郡'은 '금물노군今勿奴郡'에서 온 말인데, '흑黑'은 '금물', 즉 '검다'와 관련이 있습니다. '붉다'에 해당하는 어휘로는 '적목현赤木縣'을 '사비근을沙非斤乙'이라고 하여 주목됩니다. '적赤'의 의미로 '사비'를 들고 있습니다. '적성현赤城縣'은 '사복홀沙伏忽'로 나타나서 '붉다'에 해당하는 고구려어는 '사비, 사복'에서 근원을 찾을 수 있습니다.

'누렇다'는 '황효현'을 '골내근현骨乃斤縣'이라고 하고 '황양현'은 '골의노현骨衣奴縣'이라고 했던 것에서 실마리를 찾을 수 있습니다. 즉 '골'이 누렇다의 의미였을 것이라는 추정이 가능합니다. 황黃에 해당하는 말 중에 '꾀꼬리'는 중세국어에서 '곳고리'인데 황조黃鳥라는 의미입니다. 고구려 2대 왕인 유리왕이 지은 〈황조가〉가 유명하지요?

따라서 '곳'을 누렇다의 의미로 볼 개연성이 충분히 있습니다. 고구려어 '골'과 '곳고리'의 '곳'을 누렇다는 의미로 공통되게 살펴볼 수 있습니다. '희다'는 '백성군白城郡'을 '나혜홀'이라고 하는 것에서 '나혜'를 희다의 의미로 찾아볼 수 있습니다. 하지만 여전히 '붉다'와 '희다'에 해당하는 고구려어는 어원을 찾기가 어렵습니다.

이 밖에도 '횡천현橫川縣'은 '어사매於斯買'가 변한 것인데, '횡橫과 엇', '천川과 매'의 관련성을 생각해볼 수 있습니다. 횡은 엇갈리다의 엇과 관련이 있습니다. '성천현狌川縣'은 '야시매也尸買'가 변한 것인데, '성狌'은 '족제비'라는 뜻입니다. 따라서 '야시'는 '여우'와의 관련성을 생각해볼 수 있습니다.

'토사군兎山郡'을 '오사함달현烏斯含達縣'에서 온 말이라고 하여 토끼의 의미로 '오사함'을 찾을 수 있고, '산'의 의미로 '달'을 찾을 수 있습니다. '오사함'을 일본어에서 토끼에 해당하는 'usagi'와 연결시키는 학자도 있습니다.

'달'은 현대어에서도 양달, 응달과 같이 땅의 의미로 나타납니다. '덕수현'은 '덕물현'에서 온 말인데 '수水'를 '물'이라고 한 점은 현대어와 같다고 할 수 있습니다. '옥마현'은 '고사마현古斯馬縣'에서 온 말이라고 하여, 옥玉이 '고사', 즉 '구슬'과 관련이 있음을 보여줍니다.

《삼국사기》나 《삼국유사》는 우리와는 전혀 상관없는 책으로 생각할 수도 있습니다. 하지만 역사를 알아야 미래를 준비할 수 있다는 말은 진리인 것 같습니다. 《삼국사기》와 《삼국유사》에는 흥미진진한 이야기들이 담겨 있습니다. 이것을 잘 활용하면 새로운 콘텐츠를 만들어낼 수 있습니다. 이미 외국에서는 역사나 신화, 전설의 이야기를 영화, 만화, 게임 등에 활용하여 큰 성공을 거두고 있습니다. 특히《삼국사기》와《삼국유사》에는 사람 이름과 지명에 수많은 수수께끼가 담겨 있는데, 이것을 바탕으로 살펴보면 새로운 비밀을 풀 수도 있을 것입니다.

알면 알수록 재미있고 신기한

우리말 교실

초판 1쇄 ㅣ 2018년 10월 30일
초판 5쇄 ㅣ 2022년 5월 10일

지은이 ㅣ 조현용
펴낸이 ㅣ 정은영
책임편집 ㅣ 한미경
디자인 ㅣ 디자인봄
일러스트 ㅣ 민효인

펴낸곳 ㅣ 마리북스
출판등록 ㅣ 제2019-000292호
주소 ㅣ (04037) 서울시 마포구 양화로 59 화승리버스텔 503호
전화 ㅣ 02)336-0729, 0730
팩스 ㅣ 070)7610-2870
홈페이지 ㅣ maribooks.com
Email ㅣ mari@maribooks.com
인쇄 ㅣ (주)신우인쇄

ISBN 978-89-94011-89-9 (03700)

＊이 책은 마리북스가 저작권사와의 계약에 따라 발행한 것이므로
　본사의 허락 없이는 어떠한 형태나 수단으로도 이용하지 못합니다.
＊잘못된 책은 바꿔드립니다.
＊가격은 뒤표지에 있습니다.